ELAS NAS ORGANIZAÇÕES

SUSANE PETINELLI-SOUZA

Elas nas Organizações

passado, presente, futuro

Labrador

© Susane Petinelli-Souza, 2025
Todos os direitos desta edição reservados à Editora Labrador.

Coordenação editorial Pamela J. Oliveira
Assistência editorial Leticia Oliveira, Vanessa Nagayoshi
Direção de arte e projeto gráfico Amanda Chagas
Capa João Schmitt
Diagramação Nalu Rosa
Preparação de texto Marcia Maria Men
Revisão Andresa Vidal

Dados Internacionais de Catalogação na Publicação (CIP)
Jéssica de Oliveira Molinari - CRB-8/9852

Petinelli-Souza, Susane

Elas nas organizações : passado, presente e futuro / Susane Petinelli-Souza.
São Paulo : Labrador, 2025.
160 p.

ISBN 978-65-5625-751-8

1. Mulheres – Poder 2. Igualdade social e de gênero 3. Negócios I. Título

24-5359 CDD 305.56

Índice para catálogo sistemático:
1. Mulheres – Poder

Labrador

Diretor-geral Daniel Pinsky
Rua Dr. José Elias, 520, sala 1
Alto da Lapa | 05083-030 | São Paulo | SP
contato@editoralabrador.com.br | (11) 3641-7446
editoralabrador.com.br

A reprodução de qualquer parte desta obra é ilegal e configura uma apropriação indevida dos direitos intelectuais e patrimoniais da autora. A editora não é responsável pelo conteúdo deste livro. A autora conhece os fatos narrados, pelos quais é responsável, assim como se responsabiliza pelos juízos emitidos.

Dedico este livro a todas as mulheres. Às mulheres da minha família, às mulheres que trabalham em suas próprias casas, às mulheres que machucaram as mãos fazendo esfregões de aço, às mulheres que machucaram seus braços digitando documentos, às mulheres que criaram seus filhos como doceiras, às mulheres que cuidam das casas e famílias de outras mulheres, às mulheres que nos educam, às mulheres que nutrem as plantas e nos alimentam, às mulheres que nos curam com remédios, às mulheres que nos curam com ervas, chás e orações. Dedico este livro àquelas que estão nas organizações.

Reloj de campana, tócame las horas
Reloj de campana, tócame las horas

Para que despierten las mujeres todas
Para que despierten las mujeres todas

Porque si despiertan todas las mujeres
Porque si despiertan todas las mujeres

Irán recobrando sus grandes poderes
Irán recobrando sus grandes poderes

Reloj de campana, tócame deprisa
Reloj de campana, tócame deprisa

Para que despierten las sacerdotisas
Para que despierten las sacerdotisas

(Trecho de "Reloj de Campana")

SUMÁRIO

Introdução ———————————— 11
Um pouco de história ——————— 14
Elas na escola e na universidade ———— 33
Linguagem sexista ———————————— 51
E elas não são mulheres? Divisão sexual e racial do trabalho, lésbicas e transexuais ——— 56
Elas e as desigualdades ———————— 65
    Desigualdades de gênero ———————— 68
    Desigualdades raciais ———————— 70
    Desigualdades salariais ———————— 74
Elas nas organizações ———————————— 79
Barreiras ————————————————— 92
    Estereótipos de gênero ———————— 92
    Metáforas ——————————————— 102
    Síndromes ——————————————— 111
Elas na teoria organizacional ————— 114
Avanços ——————————————————— 130
Desafios———————————————————— 136
Notas ————————————————————— 145

INTRODUÇÃO

Já foi dito que toda a história sobre as mulheres foi escrita por homens.[1] Na verdade, os estudos sobre a pré-história também iniciaram com o olhar masculino, um olhar que estava embasado na divisão de papéis entre os sexos. Desse modo, a pesquisa em antropologia, pré-história e arqueologia são androcentradas.[2] Apesar das mudanças, a ciência, a educação e os estudos organizacionais ainda hoje também podem ser assim considerados.

Com isso, este livro contribui para preencher uma lacuna no campo dos estudos sobre organizações e gestão. Quantos livros sobre empresas, empresários, gestão, organizações, negócios, administração, nem sequer se referem à existência das mulheres? Percebendo-se a escassez de estudos sobre elas nas organizações, aqui damos visibilidade às mulheres como trabalhadoras e gestoras, colocando-as como personagens relevantes na história das organizações, ontem, hoje e amanhã.

Conhecer o passado delas nas organizações nos ajuda a compreender os diferentes aspectos que ainda influenciam o cotidiano organizacional e a própria sociedade. Conhecer o presente delas nas organizações nos ajuda a indagar no que podemos melhorar como gestores e gestoras, como estudiosos sobre o tema, como pessoas com o intuito de promover a igualdade e equidade de gênero. Vislumbrar o futuro delas nas organizações é compreender que os desafios existentes são responsabilidade de todos nós e que precisamos agir para que o amanhã seja melhor do que o hoje.

Outro ponto que chama a atenção é que, sempre que possível, estudos brasileiros e latino-americanos foram utilizados. Afinal, por aqui também produzimos conhecimentos sobre organizações e gestão.

Antes de iniciarmos essa incursão pela história delas nas organizações, deixamos registrada a importância do protagonismo e da luta das mulheres por melhores condições de vida, e por terem o direito de estarem onde bem quiserem.

Não foram esforços apenas individuais; foram esforços coletivos, via associações, sindicatos e movimentos sociais.

Inicialmente falaremos de aspectos históricos que ajudam a contextualizar e a conhecer como as mulheres viviam e as dificuldades que enfrentaram. Depois veremos como o acesso à educação até o nível superior nunca foi algo corriqueiro para a maioria das mulheres, o que tem implicações atuais. Veremos os malefícios do uso da linguagem sexista e a importância das divisões sexual e racial do trabalho, assim como das pessoas LGBTQIA+ e outras dissidências nas organizações.

Elencaremos as desigualdades a que elas estão expostas: desigualdades de gênero, racial e salarial. Em seguida trataremos sobre elas nas organizações, com estudos sobre as mulheres nas organizações no Brasil (de 1970 até 2024) e daremos visibilidade para duas mulheres estadunidenses que são exemplares, mas que estão praticamente invisibilizadas nos conteúdos sobre organizações. Em seguida, serão trazidas à tona as barreiras que dificultam as trajetórias profissionais e as próprias vidas das mulheres. Essas barreiras são os estereótipos de gênero e algumas metáforas que são utilizadas para explicá-las.

Encaminhando-se para o encerramento do livro, daremos visibilidade a algumas mulheres na teoria organizacional, incluindo uma brasileira. Após isso, finalizaremos com os principais avanços e desafios em relação às mulheres nas organizações.

UM POUCO DE HISTÓRIA

Quando falamos de mulheres nas organizações, estamos falando de mulheres trabalhadoras, um tipo de trabalho que é desenvolvido em organizações privadas, públicas ou do terceiro setor, algo mais recente na história. Mas as mulheres sempre trabalharam!

Desde tempos longínquos, os registros históricos demonstram que as mulheres trabalhavam no cultivo da terra, na coleta de frutas e tubérculos, incluindo o processo de domesticação de animais. As mulheres realizaram desde atividades mais amplamente conhecidas até atividades que uma parte da sociedade insiste em classificar como não trabalho. Elas eram perfumistas (inicialmente com a produção de bálsamos), ceramistas, desenvolviam atividades ligadas a uma medicina ancestral ou mesmo caseira (herboristas, erveiras, benzedeiras, rezadeiras, parteiras, curandeiras e toda a produção de medicamentos ligados a essas práticas), mascates, fiandeiras, costureiras, ourives, cervejeiras, polidoras de metais, fabricantes de botões ou de rendas, feirantes, amas, estalajadeiras, trabalhadoras na lavoura, balconistas, bordadeiras, trabalhadoras domésticas nas cidades e no campo, quitandeiras, quituteiras, rendeiras, preceptoras, artesãs, lavadeiras, doceiras.

> Devido à sua relação singular com o processo de reprodução, as mulheres em muitas sociedades pré-capitalistas foram reconhecidas por uma compreensão particular dos segredos da natureza que as capacitavam, supostamente, a proporcionar vida e morte e a descobrir as propriedades ocultas das coisas. Praticar magia (na condição de curandeiras, médicas tradicionais, herboristas e parteiras, criadoras de poções de amor) também foi, para muitas mulheres, uma fonte de emprego e, indubitavelmente, uma fonte de poder, embora dispusesse a vingança quando os remédios falhavam.[3]

A ideia de que um trabalho realizado por mulheres não seria valorizado somente foi possível a partir de um grande ataque ao poder social das mulheres. Por isso a caça às mulheres consideradas bruxas, que levou à execução de centenas de milhares de mulheres, tendo o seu desenvolvimento em diversos países da Europa e em regiões andinas durante os séculos XVI e XVII, foi fundamental para o processo de estabelecimento do que viria a ser considerado um trabalho reprodutivo.[4]

No século XV foi publicado o *Malleus Maleficarum*, conhecido como o Martelo das Feiticeiras, uma espécie de manual com todo um protocolo de como interrogar, identificar e punir mulheres que praticassem atos de bruxaria. No Brasil também ocorreu um período de Inquisição, com pessoas sendo perseguidas por práticas religiosas diferentes daquela considerada oficial na época, e com a perseguição de mulheres que tinham conhecimentos de ervas e medicina natural, que não se comportavam de acordo com o protocolo social da época; um caso emblemático é o de Maria da Conceição. Ela foi queimada viva, no século XVIII, em uma fogueira próxima ao Largo de São Bento, em São Paulo. Ela era erveira, curandeira e ajudava pessoas doentes até começar a ser perseguida por um padre por causa de suas práticas, e então foi condenada.

Ainda hoje, mulheres são perseguidas como bruxas em vários países, chamando a atenção de órgãos internacionais ligados à defesa de direitos humanos.

Contudo, a partir de agora, passaremos a tratar da estrutura da administração pública brasileira e algumas mulheres. Se tomarmos tal estrutura desde o período colonial[5] (estrutura herdada de Portugal e Espanha), podemos verificar que a aristocracia tinha um papel de destaque nos governos, mas o modo de organização burocrática acabou abrindo espaço para servidores e funcionários de procedência plebeia, que eram treinados para respeitar a legislação, algo que pode ter contribuído para o aspecto do formalismo na administração pública brasileira. Ao mesmo tempo, aspectos de clientelismo também existiam, pois quem administrava a colônia, de fato, eram os delegados do rei, muito mais do que os donatários. Na segunda metade do século XVII, a descoberta de ouro acentuou a centralização no governo real para controlar a exploração na colônia, o que acarretou uma reforma administrativa promovida na Metrópole. Por volta de 1770, foram criadas as juntas gerais, juntas da fazenda, as Casas de Contos, as Câmaras Municipais, todo um sistema de arrecadação, administração, justiça e controle. Tal sistema era acompanhado pela Igreja, que difundia a legitimação da exploração colonial, a aceitação do domínio da metrópole e a ressocialização indígena visando à integração destes como força de trabalho servil. Observem que, até o momento, somente homens ocupam os postos nessas organizações.

Nos períodos colonial e imperial, as camadas médias foram multiplicando-se de acordo com a economia agroexportadora (ampliação de empresas de importação e exportação, companhias de financiamento e seguros, comércio varejista ambulante para o interior e comércio fixo, estradas de ferro e portos). Havia ainda as necessidades dos latifundiários, o que reforçava a importação de produtos manufaturados, a distribuição no mercado interno, a produção de mercadorias e serviços. Também havia uma demanda em relação à educação escolar, atividades artísticas, serviços religiosos e imprensa.[6]

E se recontássemos a história da estrutura da administração pública desde o período colonial no Brasil? Bem, precisaríamos considerar que existiram pelo menos três mulheres[7] que administraram capitanias: Ana Pimentel, Brites de Albuquerque e Luísa Grimaldi.

Ana Pimentel foi procuradora do donatário da capitania de São Vicente; seu marido, Martim Afonso de Sousa, era de família nobre espanhola e, em 1532, recebeu terras em São Vicente e veio para o Brasil, comandando uma armada real para tomar posse do território em nome do rei. Ficou por aqui menos de três anos e, ao voltar a Portugal para assumir o cargo de capitão-mor da armada da Índia, incumbiu Ana da administração da capitania por meio de uma procuração datada de 3 de março de 1534.

Ela fazia nomeações, concedia autorizações para os colonos acessarem terras para cultivo, introduziu o cultivo de laranja na capitania, de modo a combater o escorbuto que atacava os embarcados durante a travessia do Atlântico, assim como o cultivo do arroz, do trigo e a criação de gado. No entanto, a história praticamente só menciona o seu marido.

Duarte Coelho Pereira recebeu a donataria da capitania de Pernambuco e Brites Mendes de Albuquerque, casada com ele, consequentemente também foi donatária. Brites e Duarte Coelho chegaram ao Brasil em 1535 para tomar posse das terras doadas pelo rei mediante a condição de ocupação do território. Porém, essa ocupação não era fácil, visto que contavam apenas com seus próprios meios para instalar engenhos de açúcar e conter a resistência indígena, que atacava os povoados fundados pelos portugueses.

Em 1554, Duarte Coelho foi a Portugal prestar contas sobre a capitania, mas acabou morrendo em Lisboa. Desse modo, coube a Brites assumir o governo por muitos anos, pois seus filhos pouco exerceram a administração da propriedade. Apenas em 1560 o filho mais velho assumiu a capitania, recebendo a carta definitiva de confirmação de posse dez anos depois. No entanto, a capitania foi, de fato, administrada por sua mãe até 1584 (quando faleceu), pois ele participou da armada do rei Dom Sebastião em 1572, vindo a falecer junto de seu irmão mais novo na batalha de Alcácer-Quibir, em 1578. Durante o governo de Brites, Pernambuco era a mais desenvolvida capitania do Brasil, com mais de mil colonos e escravos, e cerca de 66 engenhos para a produção açucareira.

Luísa Grimaldi chegou ao Brasil em 1534 com o marido, Vasco Fernandes Coutinho Filho, o segundo donatário do Espírito Santo. Após a morte de seu marido, assumiu o governo da capitania entre 1589 e 1593. Em 1589, recebeu os primeiros missionários franciscanos que visitavam a região, doando-lhes terras para que construíssem conventos, o que possibilitou a construção do Convento de Nossa Senhora da Penha. Em 1592, auxiliada por militares, organizou a defesa da baía de Vitória contra a incursão de corsários ingleses e em 1593 se recolheu ao Convento do Paraíso, em Évora, Portugal, falecendo em 1636 aos 85 anos.

Não podemos nos esquecer de que desde que as diferentes sociedades humanas começaram a se organizar, podemos verificar que havia uma espécie de protogestão, uma coordenação das tarefas, uma necessidade mínima de organização. Mesmo na Antiguidade, grandes exércitos, conquistas territoriais e construção de cidades demandavam a organização e coordenação de atividades e, portanto, de recursos materiais e de pessoas.

Bem, até mesmo artesãos reunidos atuando de modo independente necessitavam de alguma coordenação (ordenamento de operações, centralização do suprimento de materiais, escalonamento das prioridades, registros de custos e pagamentos, vendas). Podemos dizer que as primeiras oficinas eram aglomerações de pequenas unidades de produção, de modo que o trabalho permanecia sob controle imediato dos produtores que, ao serem reunidos, se defrontavam com o problema da gerência, mas ainda de forma rudimentar. Nesse tempo surgiram indústrias como refinarias de açúcar, fábricas de sabão e destilarias, ao mesmo tempo que diversos processos, como fundição de ferro, laminaria de cobre e latão, equipamento bélico, papel e pólvora, foram sendo aperfeiçoados, levando à necessidade crescente das funções de concepção e coordenação que nas indústrias assumiram a forma de gerência.[8]

Onde as mulheres estavam quando surgiram as primeiras fábricas e, em seguida, as grandes empresas? Onde elas estavam no início da gestão profissionalizada?

Com a aprovação da lei do regime de bens no casamento em 1870, o sistema medieval de amparo que apagava a existência das mulheres casadas perante a lei terminou. O costume na Inglaterra entre o operariado era de que, ao término de um casamento, podia-se vender a esposa no mercado local, prática que permaneceu até o final do século XIX com alguns casos relatados até 1913. Ou seja, as relações patriarcais prevaleciam no sistema de produção domiciliar e não desapareceram quando a indústria artesanal foi sendo substituída pela industrialização nas fábricas. Na verdade, as relações patriarcais foram reconstituídas nessas fábricas com uma hierarquia de gênero, inclusive com pais subcontratando o trabalho de seus familiares (esposas e filhos) e reclamando o direito de receber os salários dos membros da família. Ao mesmo tempo, a introdução de salários individuais em vez de um salário por família (que permitiria o sustento de uma esposa que não trabalhava, por exemplo), proporcionou às mulheres o controle sobre a sua renda — medida recebida de maneira hostil pelos trabalhadores homens e por sindicatos, o que levava o trabalho realizado por elas a uma desqualificação e desvalorização sistemáticas, enquanto eles tentavam fazê-las retornar ao trabalho doméstico, principalmente no caso das mulheres casadas.[9]

No século XVIII, uma ideologia sexista é desenvolvida, sendo consolidada no século XIX, a partir de textos filosóficos, discursos médicos, educacionais e científicos que procuravam proibir a participação das mulheres em assuntos públicos, com o pretexto de que não teriam aptidão para dar conta desses assuntos e que não deveriam abandonar os cuidados de suas casas. Tal ideologia sexista passaria a ser questionada no início do século XX, a partir de estudos e evidências de que, mesmo em algumas sociedades caçadoras e coletoras, teria existido uma igualdade entre mulheres e homens.[10]

Não podemos generalizar a existência de um patriarcado para todas as sociedades em todos os tempos. Por exemplo, na sociedade Iorubá, ao sudoeste da Nigéria, antes do século XIX e do processo de colonização inglesa, a hierarquia social não era determinada pelo gênero, mas pela idade. As relações sociais eram pautadas na senioridade, com mulheres que eram, ao mesmo tempo, governantes, sacerdotisas e mães.[11]

Homens e mulheres historicamente sofreram exclusão e discriminação por razões de classe, mas nenhum homem foi excluído do registro histórico por causa de seu sexo. O período de estabelecimento do patriarcado foi um processo de cerca de 2500 anos, entre 3100 a 600 a.C. Ele foi sendo estabelecido em diferentes momentos e em diferentes sociedades: China Antiga, Império Greco-Romano, inclusive no antigo Oriente próximo (Egito, Mesopotâmia, Pérsia etc.). A troca de mulheres é um exemplo de sua subordinação em relação aos homens. O comércio de mulheres é um fenômeno existente em sociedades tribais em diversas regiões do mundo: remoção forçada de suas tribos, defloramento ritual ou estupro, casamentos arranjados. Por que elas eram comercializadas e não os homens? Túmulos pelo mundo contêm vestígios de rainhas, mulheres poderosas, guerreiras, líderes espirituais. Contudo, ainda assim, elas foram as primeiras pessoas escravizadas, sendo que o processo de escravização surge de guerras e conquistas. A opressão das mulheres precede o processo de escravização, tornando-o possível: práticas de comércio de mulheres para casamento e concubinato, prisioneiras de guerra que podiam ser forçadas ao trabalho, como servas domésticas, e estupradas, conferindo status e honra aos escravizadores. Assim, estudos apontam que a maioria das primeiras pessoas escravizadas eram mulheres — escravizadas durante toda a Antiguidade —, enquanto os homens escravizados apareceram mais tarde e em menor quantidade, pois a maioria deles foi morta. Além disso, a opressão de classes nunca foi equivalente para homens e mulheres, pois as mulheres de classes mais baixas eram exploradas sexualmente por homens de classes mais altas.[12]

Na Europa, as repartições públicas, as empresas e as companhias de seguros contratavam secretárias, datilógrafas e escriturárias.[13] Os correios preferiam as mulheres para trabalhar na venda de selos, as companhias telefônicas empregavam operadoras, lojas e armazéns recrutavam vendedoras, hospitais contratavam enfermeiras e as escolas públicas contratavam professoras. Havia uma idade limite de cerca de 25 anos para essas trabalhadoras serem contratadas e, muitas vezes, podiam ser demitidas caso se casassem. Desse modo, durante o século XIX, ocorreu um deslocamento do serviço doméstico (urbano e rural, da casa, artesanal ou agrícola) para os chamados empregos de colarinho branco. Nos

Estados Unidos, por exemplo, 50% das mulheres assalariadas em 1870 trabalhavam cuidando das casas de outras pessoas, e em 1920, quase 40% eram professoras, caixeiras ou empregadas de escritório. Já na França, em 1906, as mulheres eram mais de 40% dos trabalhadores de escritório. Mesmo com as mulheres ocupando novos espaços remunerados, é possível perceber que a maioria delas permanece no setor de serviços.

O deslocamento do trabalho doméstico não remunerado para empregos de escritório veio acompanhado da abertura de oportunidades de trabalho para mulheres da classe média como professoras, assistentes sociais, enfermeiras e encarregadas em fábricas. Talvez seja esse trabalho formal e longe de casa, dessa minoria de mulheres assalariadas do século XIX, que tenha influenciado a concepção de que a perda do trabalho no lar poderia comprometer as competências domésticas das mulheres, incluindo suas responsabilidades reprodutivas. Além disso, as mulheres eram percebidas como trabalhadoras adequadas para o ensino e a enfermagem, pois acreditava-se que nessas atividades elas exprimiam sua natureza carinhosa. As tarefas de escritório seriam adequadas devido à sua natureza submissa e à sua tolerância a tarefas repetitivas, características consideradas naturais. E a datilografia seria adequada pois era comparada a tocar piano.

Ainda que muitas mulheres trabalhassem em empregos formais fora de suas casas, elas continuavam dedicando-se às rotinas de trabalho doméstico e parte daquelas que permaneciam em casa também dividiam seu tempo entre rotinas da casa e trabalho remunerado.

Nos séculos XVII e XVIII, ou seja, antes da industrialização, as mulheres já trabalhavam regularmente fora de casa,[14] vendendo produtos em mercados, com pequenos comércios ou como vendedoras ambulantes. Podiam ser contratadas de modo ocasional como arrumadeiras, lavadeiras, confeccionavam rendas, roupas, objetos de metal, ferragens e tecidos em oficinas. No final do século XVI, em alguns lugares da Inglaterra, 3/4 das mulheres entre os quinze e os dezenove anos viviam longe dos pais, trabalhando como trabalhadoras domésticas. Enquanto isso, nas cidades estadunidenses (então colônia da Inglaterra) no século XVII, as jovens recebiam educação fora de casa por meio de contratos de aprendizagem ou como trabalhadoras nas casas. Elas viajavam sozinhas para o continente americano como serviçais contratadas ou eram trazidas escravizadas do continente africano. Assim, no período pré-industrial, a maioria das mulheres trabalhadoras era de jovens solteiras que trabalhavam longe de casa, enquanto as mulheres casadas trabalhavam em lojas, quintas e oficinas, na rua ou em suas próprias casas.

Quando o trabalho no qual cada membro da família desenvolvia tarefas específicas na produção artesanal ocorria em casa, durante o período pré-industrial, muitas vezes, o trabalho das mulheres era informal, não remunerado, e elas poderiam dedicar-se às rotinas do lar. Já nas fábricas, as atividades seriam de tempo integral, assalariadas e afastadas de casa.

Ainda hoje, quando falamos de trabalho, a noção mais utilizada é aquela oriunda do período da Revolução Industrial, significando um trabalho restrito ao assalariamento e que exclui as atividades de cuidado da casa e de pessoas. Porém, uma mudança nessa noção ocorreu na década de 1960,[15] passando também a abranger o trabalho não remunerado. Ao percebermos a existência e a importância desse tipo de trabalho no âmbito doméstico, alguns outros aspectos vêm à tona, como o que seria um trabalho considerado produtivo e reprodutivo.

Enquanto o trabalho produtivo seria realizado pelos homens, remunerado e geralmente fora do âmbito doméstico, o trabalho considerado reprodutivo da força de trabalho seria realizado pelas mulheres, não remunerado e geralmente no âmbito doméstico, podendo também ser no âmbito comunitário.[16]

O trabalho produtivo e o trabalho reprodutivo eram percebidos como atividades complementares, mas, com o processo de industrialização, passaram a ser vistos como algo impossível de conciliar, tornando-se um problema para aquelas mulheres que trabalhavam. No Brasil,[17] durante o processo de industrialização, muitas mulheres que eram costureiras buscavam complementar a renda trabalhando em suas próprias casas prestando serviço para fábricas de chapéu e alfaiatarias (às vezes, por cerca de dezoito horas ao dia).

Por que, com a industrialização, essa percepção social mudaria? Por que parte da sociedade passaria a acreditar que seria difícil, e talvez impossível, a conciliação das atividades a partir da mudança de local de trabalho? Muitas mulheres sempre trabalharam, produzindo bens para venda direta ou para fábricas em suas próprias casas. Essa nova percepção social acaba contribuindo para a ideia de que as mulheres precisariam priorizar as atividades ligadas à casa e aos filhos, restringindo-as a trabalhos mal remunerados e desvalorizados socialmente.

Quando empresários e governos falavam de mulheres trabalhadoras como uma categoria uniforme, dizendo que a elas caberia se dedicar mais aos lares e suas famílias, poderiam estar generalizando a preocupação em relação a um grupo específico de mulheres: as da classe média. Afinal, para boa parte das demais mulheres, trabalhar fora de casa já era uma realidade há tempos. Devido a isso, não podemos afirmar que o processo de industrialização causou, de fato, uma ruptura entre a casa e o trabalho considerado produtivo, levando as mulheres a optarem entre o trabalho de cuidar da casa e das pessoas (não remunerado) e o trabalho remunerado. Seja na produção têxtil, na produção de calçados, na impressão ou na costura, a contratação de mulheres significava que os empresários queriam reduzir custos, pois elas eram associadas a trabalhos ordinários e de baixa remuneração, ainda que nem todo trabalho desse tipo e sem exigência de qualificação fosse considerado apropriado a elas. Assim, elas eram bem-vindas na área de produção têxtil e confecção, na produção calçadista, na produção alimentícia e de tabaco, mas dificilmente eram contratadas na construção civil, mecânica ou naval e nas atividades de mineração.[18]

O que não significa que, em muitos casos, as mulheres não trabalhassem em suas casas de modo gratuito em prol daqueles que trabalhavam nas áreas profissionais em que elas não eram bem-vindas. Ao longo do século XIX[19] algumas práticas foram estabelecidas, tais como salários mais altos para os homens, jornadas de trabalho menores e a busca pela melhoria das condições de vida da classe trabalhadora. Todavia, tais condições somente seriam possíveis com esposas dedicadas e econômicas, cuidando do cotidiano doméstico.

Um exemplo são as mulheres cujos homens da família trabalhavam em minas de carvão[20] na Inglaterra. Seu trabalho era ditado pelos turnos de trabalho da mina, visto que para cada membro da família que sairia para o trabalho ou chegaria em casa para o descanso ela estaria lá, a postos, para providenciar alimentação e tudo o mais que fosse necessário, numa época bem distante das facilidades da tecnologia doméstica, de modo que elas nunca conseguiam dormir muitas horas ininterruptas por dia devido às chegadas e partidas dos familiares.

No caso latino-americano[21] também é apontado que o esforço para a entrada das mulheres no mercado de trabalho ocorreu em favor de mulheres das classes média e alta, pois as mulheres de classe baixa já trabalhavam no âmbito extralar para manter ou mesmo complementar a renda e, portanto, já viviam duplas jornadas de trabalho.

Se bem que em todas as classes sociais, e mesmo na classe baixa, em algumas configurações familiares o machismo privava as mulheres de trabalhar, observando-se que no Brasil, somente em 1962 foi deliberado sobre a situação jurídica das mulheres casadas, liberando-as da necessidade de solicitarem a autorização dos maridos para poderem trabalhar.

Na Europa, mulheres e crianças constituíam a maioria de trabalhadores em indústrias de fiação e tecelagem, mas quase não estavam nas indústrias de imóveis e de calçados, por exemplo. Elas foram sendo substituídas por homens, acarretando uma queda substancial de sua participação no mercado de trabalho. Enquanto em 1872 as mulheres constituíam 76% dos trabalhadores nas fábricas, em 1950 elas passaram a 23%. Algo que contribuiu para a redução da participação feminina nas fábricas foi a elite, que acabou impondo um modelo imaginário de família no qual as mulheres são donas de casa, esposas e mães dedicadas. Enquanto muitas mulheres saem da esfera doméstica para trabalhar, mecanismos sociais de culpabilização são produzidos. Em conjunto com a substituição por homens no campo fabril e a invenção de um modelo familiar cujas responsabilidades pelo trabalho doméstico e criação de filhos seriam das mulheres, o próprio movimento operário contribuiu para que as mulheres retornassem ou permanecessem em seus lares, inclusive dificultando a participação em entidades de classe. Isso se deve ao fato de que os homens se sentiam humilhados quando eram substituídos por mulheres nas fábricas.[22]

Na Inglaterra e na Alemanha, por exemplo, era proibido o casamento para as trabalhadoras de escritório, demarcando as carreiras masculinas e femininas, com menor quantidade de cargos para os homens, apesar de serem cargos de supervisão e com possibilidades de promoção.

No Brasil, após o processo conturbado de Independência, ocorreu uma expansão no serviço público do país, pois existia uma busca por oportunidades de trabalho, uma demanda por ocupações remuneradas. A elite agrária e ainda escravista contribuiu para moldar o serviço público, pois, na falta de outras oportunidades, a busca era voltada a uma carreira no funcionalismo público, o que também provia ocupação para os setores médios urbanos. O acesso ao serviço público estava pautado no talento, ainda que fosse necessária a assimilação dos valores promovidos pela elite. Enquanto isso, um mercado interno ia sendo formado e ajudava a viabilizar o processo de industrialização a partir da substituição do tipo de mão de obra (escravizados por imigrantes) nas fazendas. Além disso, o Estado brasileiro precisava manter uma burocracia militar para a defesa do território e para o controle interno, assim como uma burocracia civil para as questões fiscais, para a justiça e para o controle das relações externas.[23]

Outro aspecto que contribuiu para a profissionalização da gestão por aqui foi o próprio processo de industrialização e, após 1964, o processo de passagem das pequenas e médias para as grandes empresas foi intensificado, juntamente com uma preocupação com a técnica. Assim, aqui, o processo de racionalização administrativa, ao contrário do que ocorreu nos Estados Unidos, foi iniciado na esfera federal. Com início em 1931, ele foi bastante influenciado pelo modo de organização das atividades institucionais estadunidenses. A lei n° 284, de 1936, instituiu o Conselho Federal do Serviço Público Civil, inspirada nas ideias de racionalização administrativa usadas nos Estados Unidos, mas, em 1938, o órgão foi substituído pelo Departamento Federal de Administração, conhecido como DASP. Então, apesar do processo de racionalização administrativa por aqui ter começado na esfera governamental e não na empresarial, ele foi influenciado pelos conhecimentos utilizados nas empresas de lá.

No Brasil, as décadas finais do século XIX foram marcadas pela expansão de pequenos núcleos urbanos e cidades, com a expansão fabril que ia modificando a paisagem e imprimindo-lhe um novo ritmo de atividades.[24] Portanto, o crescimento populacional, unido ao processo de urbanização e industrialização, levou à busca por trabalho e educação, tanto por parte da população em geral, quanto das camadas médias, mais voltadas ao ensino superior.

Educação e trabalho já eram considerados meios que poderiam possibilitar uma ascensão social, principalmente para os homens.

Tanto os filhos de trabalhadores das cidades, quanto os descendentes de colonos das fazendas começavam a tentar se afastar dos trabalhos manuais por meio de atividades subordinadas em escritórios, lojas e repartições — as atividades de colarinho e gravata.[25] Enquanto ocorria a ampliação da burocracia pública e privada em nosso país, os latifundiários queriam ter filhos formados para o desempenho de atividades políticas e para a ampliação do prestígio de suas famílias. Os colonos e trabalhadores urbanos almejavam a escolarização dos filhos visando ao ingresso destes em atividades burocráticas.

Nesse contexto, as mulheres ainda tinham dificuldades para acessar níveis educacionais mais altos, assim como cargos em organizações. Apenas as mulheres das camadas mais pobres tinham certa autonomia para trabalhar, ocupando cargos subordinados. Elas precisavam trabalhar para poder contribuir financeiramente com a sobrevivência dos membros da família — uma situação que colocava em xeque a sociedade patriarcal e sua condição de classe.

ELAS NA ESCOLA E NA UNIVERSIDADE

Apesar de muitas mudanças nos últimos séculos, quando pensamos em certas áreas de atuação, persiste a presença de determinados perfis de profissionais. As mulheres representam a maior parte do corpo docente no Brasil, mas obviamente estão mais presentes na educação infantil e na educação básica do que nos demais níveis educacionais. Elas também ocupam muitos cargos de direção e coordenação nessa área que, por vezes, ainda pode ser considerada uma área mais "feminina". Mas nem sempre foi assim, visto que nem tínhamos acesso à educação. Vejamos como fomos de um extremo ao outro, como estamos atualmente e o que pode ser melhorado.

A educação no Brasil começou com os jesuítas,[26] que ensinavam a ler, a escrever, a cantar e contar, numa tentativa de preservar e divulgar a cultura portuguesa, fortemente influenciada pela cultura greco-romana. O acesso à educação não era para todos. Nos primeiros tempos, o foco era as pessoas indígenas, depois foram os filhos das pessoas consideradas importantes, pois tais filhos se tornariam padres ou advogados ou ocupariam cargos públicos, numa tentativa de manutenção das características da sociedade portuguesa, que possuía uma estrutura rígida centrada na hierarquia e ainda pautada no teocentrismo. Conforme o processo colonizatório avança, a sociedade vai se hierarquizando profundamente e a empresa colonial acaba invadindo outras áreas da vida social, aumentando a distância social entre as pessoas. Se antes a corte era a mais alta hierarquia, a classe dos senhores de engenho passa a figurar como algo distante da maioria. Além disso, ao longo de dois séculos, apesar das especificidades regionais, foi sendo forjado um novo tipo chamado de brasileiro.

Não se pode afirmar que, no início, a educação voltada às pessoas indígenas era a mesma para homens e mulheres, mas podemos afirmar que no século XIX, a educação indígena permanecia voltada para um processo civilizatório, procurando preparar para o trabalho, enquanto, ocorria a tentativa de apagamento de suas línguas e culturas, e suas terras eram ocupadas paulatinamente. Para meninas indígenas que tinham acesso à educação, a aprendizagem continha ensinamentos religiosos cristãos e atividades domésticas. No entanto, a maioria das pessoas negras e das pessoas indígenas não consideradas dóceis, ou seja, que se rebelavam, não tinha acesso à educação.

Somente quando a família real chegou por aqui, em 1808, é que começou a tomar corpo a ideia de que era descabido que praticamente metade da população não tivesse acesso à educação e que a sociedade precisava de mulheres educadas e habilitadas para contribuir com o desenvolvimento do Brasil. Contudo, até o século XIX, boa parte das mulheres nem podia circular em ambientes públicos, participando apenas de eventos como missas, novenas e procissões; tampouco tinham acesso à educação. Outro aspecto a ser considerado é que durante o século XIX, a vida doméstica foi foco de maior atenção, o que para alguns poderia estar relacionado à valorização do papel das mulheres no âmbito privado.

Contudo, é sabido atualmente que diversos processos, principalmente no campo do trabalho (e que veremos adiante), levaram vários setores da sociedade a defender que às mulheres cabia o cuidado de suas casas e famílias, numa tentativa de delimitação das esferas pública e privada como campos de atuação de homens e mulheres, respectivamente.

Voltado para os homens, o ensino comercial[27] foi iniciado em 1808, no Rio de Janeiro, por meio da criação da cadeira e aula pública de Ciência Econômica, cuja regência foi destinada a José da Silva Lisboa, o Visconde de Cairu. Em 1809, foram instituídas as aulas de comércio dentro da Real Junta de Comércio, Agricultura, Fábrica e Navegação. Em 1846, o Governo Imperial regulamentou as Aulas de Comércio, fixando o prazo de duração do curso em dois anos e estabelecendo disciplinas de caráter prático voltadas às necessidades do comércio e dos negócios bancários. O ensino comercial contribuiu para o estabelecimento dos cursos superiores de economia, administração e contabilidade no Brasil, além de ter formado burocratas[28] para o Estado, especialmente em instituições militares como a Academia da Marinha e a Academia Militar.

Com a prosperidade oriunda do café, a construção de estradas de ferro demandava engenheiros, o que levou à criação de escolas de engenharia. Apesar de já funcionarem há pelo menos meio século, as aulas de comércio não chegavam a atrair muitos alunos, pois cursos como engenharia, direito e medicina atraíam muito mais e aqueles formados, principalmente em direito, eram nomeados para cargos públicos ou tornavam-se candidatos a mandatos parlamentares, ocorrendo com frequência passagens entre a administração, o parlamento e a justiça. Após a Guerra do Paraguai (1864-1870), estradas e portos foram construídos, serviços públicos de iluminação e gás foram executados e fábricas de tecidos, de produtos alimentícios e químicos foram postas em funcionamento. A quantidade de fábricas cresceu cerca de cinco vezes. Ao mesmo tempo, atividades como finanças, polícia e transportes passaram a ter repartições estaduais, criando muitas oportunidades para os bacharéis em direito e, em menor quantidade, para os engenheiros. Nessa época, direito era um curso de cultura geral e os bacharéis atuavam nos setores dos governos federal e estadual.

Importante lembrar que, ainda na Europa, com a presença das universidades, as atividades exercidas por profissionais liberais e as tarefas mecânicas começaram a se dissociar, levando a uma oposição entre profissão e ofício.[29] As profissões eram oriundas das universidades e relacionadas ao intelecto, enquanto os ofícios foram relacionados às atividades mais manuais, passando por um processo de desvalorização, a ponto de serem definidos no século XVIII como ocupações que exigiam a força braçal e que se limitavam a determinado número de operações mecânicas. Uma espécie de oposição entre profissão e ofício em meio a um conjunto de distinções socialmente classificadoras que foram sendo reproduzidas ao longo dos séculos: cabeça *versus* mãos, trabalhadores intelectuais *versus* trabalhadores manuais.

Um fato curioso é que, em nosso país, a educação voltada para as mulheres foi justificada pela maternidade, inclusive na letra da Lei de Instrução Pública do Brasil de 1827, que explicitava que as mulheres precisavam de instrução, pois seriam as principais responsáveis pela educação de seus filhos. Na verdade, as mulheres eram ensinadas desde meninas sobre os papéis que assumiriam como mãe, esposa e gestora do lar. E, mesmo assim, ainda cabia aos homens as decisões finais, visto que eram os únicos mantenedores.

A Lei de 1827[30] determinava que nas escolas do então Império, meninas e meninos estudassem separados e com currículos próprios. Enquanto os meninos aprendiam as quatro operações matemáticas, números decimais, frações, proporções e geometria, as meninas aprendiam apenas as quatro operações, reforçando um tratamento sexista nas escolas, visto que o desenvolvimento de habilidades intelectuais caberia aos meninos, enquanto o desenvolvimento de habilidades manuais caberia às meninas.

Essa lei também autorizou o funcionamento de escolas públicas femininas, ampliando as possibilidades de acesso à educação, tendo em vista que, antes, as poucas mulheres que conseguiam acessar a educação formal o faziam por meio de conventos e raras escolas particulares nas casas de professoras.

Outro meio de acesso à educação existente na época, no caso das jovens das elites, era prosseguir sua formação em suas próprias casas. Mas a triste realidade é que a maioria das mulheres, mesmo com a existência de algumas escolas públicas, raramente podia continuar com o seu processo educacional.

Portanto, além da educação formal, havia a educação no âmbito doméstico. Tal educação, inspirada nos moldes estrangeiros, era o modo como boa parte das elites brasileiras educavam seus filhos com a ajuda de preceptores. Estes últimos residiam nas casas dos alunos, acompanhando-os nas lições diárias e missas, dentre outros compromissos.

Quando se tratava de professores particulares, iam às casas dos alunos com dia e horário marcados. Ressalta-se que a preceptoria era uma atividade majoritariamente exercida por mulheres e estrangeiras, sendo uma das poucas ocupações permitidas para elas na época. Outra atividade remunerada em que mulheres eram aceitas era justamente o magistério, até porque as aulas voltadas para as meninas precisavam ser conduzidas por mulheres. Algo difícil, visto que nessa época poucas tinham alguma instrução.

Como seriam esses currículos?[31] Para os meninos da elite, o ensino da leitura religiosa e de conhecimentos de matemática era complementado pelo ensino de francês e de piano. Para as meninas, em meio a aspectos religiosos e morais, ocorria uma aprendizagem das habilidades culinárias, de costura, bordado e rotinas domésticas, assim como aquelas relacionadas ao comando de serviçais; em relação à aprendizagem da língua portuguesa, as leituras eram concentradas em romances, livros de moral, etiqueta e catecismo. Também buscava-se torná-las uma companhia agradável ao marido. Em sua maioria, as meninas oriundas de camadas mais baixas da sociedade lidavam desde cedo com tarefas rotineiras de cuidado com a casa e com irmãos menores, além do trabalho na roça. Para elas, tais atribuições eram prioritárias em relação a qualquer forma de educação. No que se refere à educação de luso-brasileiros e imigrantes da época, existiam diferenças entre meninos e meninas, marcando uma divisão baseada em gênero. Já a população de origem africana, ainda escravizada, praticamente não tinha acesso à escolarização, existindo registros de alguns casos da aceitação de crianças negras em escolas ou classes isoladas apenas no final do século XIX.

Nos anos de 1830, eram raras as mulheres brasileiras educadas. Contribuindo para a educação feminina no Brasil, Nísia Floresta,[32] oriunda do Rio Grande do Norte, fundou o Colégio Augusto em 1838, na cidade do Rio de Janeiro. Observa-se que a maioria dos estabelecimentos de ensino era dirigidos por estrangeiros. Seu colégio, voltado à educação feminina, buscava introduzir o estudo de italiano, inglês, francês, latim, história e geografia, além de incentivar a educação física e condenar a utilização de espartilho. Ela trabalhava com uma quantidade limitada de alunas por classe, priorizando a qualidade do ensino em seu estabelecimento que, em meio a polêmicas e críticas, funcionou por cerca de dezoito anos. Nísia criticava a diferença na quantidade de alunos e alunas matriculados na educação primária e secundária, considerando que em 1852 havia 55 mil alunos e somente 8.443 alunas. Enquanto os meninos eram instruídos com o intuito de desenvolver a capacidade intelectual, as mulheres eram educadas para a formação do caráter.

Nísia Floresta publicou um livro em 1832 sobre o direito das mulheres em relação à educação e ao trabalho, mas também sobre como elas mereciam respeito da sociedade. *Direito das Mulheres e Injustiça dos Homens* foi inicialmente tomado como uma tradução livre de *Vindication of the Rights of Woman* (1792), da feminista inglesa Mary Wollstonecraft. No entanto, atualmente acredita-se que outros pensadores, como François Poulain de La Barre e Sophia foram utilizados como fontes e traduzidos em seu texto. Nísia fez alterações, acrescentou trechos e, com isso, criou outro texto, menos radical que os originais. Ao dizer que era uma tradução de Wollstonecraft, mulher reconhecida na época, Nísia poderia estar buscando credibilidade em uma sociedade ainda conservadora. Além disso, ela é reconhecida como a precursora na luta pela igualdade entre homens e mulheres por meio da educação no Brasil, pois não existem outros registros escritos sobre o tema antes de seus escritos.

Suas publicações traziam críticas ao sistema de ensino no Brasil imperial, principalmente em relação aos equívocos na formação educacional das mulheres, também colocando em evidência a dificuldade de encontrar registros históricos sobre as mulheres no país. De maneira mais específica, no texto "A Mulher" ela demonstrou preocupação com a educação não sexista:

> O ensinamento da igualdade que deve reinar entre homem e mulher começa neles em relação às próprias irmãs em seus jogos infantis, e em todos aqueles milhares de costumes domésticos, nos quais transparece aquele orgulho excessivo e aquela pretensão do rapazola que tanto vos diverte, e que nada mais é, ó mulheres, senão o germe deste presunçoso egoísmo que vos oprime por toda a vida com prejuízo da própria felicidade deles.[33]

Ela também questionava em seus livros por que os homens afastavam as mulheres do acesso ao conhecimento, indagando sobre a possibilidade de as mulheres ocuparem cargos e desempenharem papéis então destinados apenas aos homens, e exemplificava: uma mulher combatendo na linha de frente de um exército, advogando causas, administrando justiça em um tribunal de magistratura, marchando pelas ruas ou ensinando retórica, medicina, filosofia, teologia, como professora em uma universidade, chamando a atenção para a falta de mulheres em cargos de comando e iniciando esse debate no país.[34]

Outra mulher brasileira oitocentista que contribuiu para a educação foi Maria Firmina dos Reis,[35] professora e escritora maranhense. Ela prestou concurso estadual em 1847, sendo a única aprovada para a instrução primária em sua cidade. Nessa época, ser professora era uma rara possibilidade de atuação profissional e desenvolvimento pessoal para as mulheres. Em 1880, aos 54 anos, ela fundou uma aula mista (meninos e meninas) e gratuita para aqueles que não tinham condições de pagar. Maria Firmina participou da vida intelectual maranhense, publicando livros e colaborando com revistas literárias e jornais.

Dentre suas obras, *Úrsula*, de 1859, é considerado um dos primeiros romances publicados no Brasil, além de ser o primeiro livro publicado por uma escritora negra, inclusive no âmbito latino-americano.[36] Ademais, também pode ser considerado o primeiro romance abolicionista da literatura brasileira, antecedendo a obra *A escrava Isaura*, de Bernardo Guimarães, de 1875. A autora vivenciou as condições às quais as mulheres da época estavam submetidas e compreendia a relevância da educação e das oportunidades.

Úrsula pode ser considerada como a obra fundadora da literatura afro-brasileira, ao lado das *Primeiras trovas burlescas de Getulino*, do poeta Luís Gama. Ambos os livros foram publicados no mesmo ano. Ainda assim, o livro de Maria Firmina dos Reis teria caído no esquecimento, enquanto o de Luís Gama teve mais visibilidade. Para alguns, a razão reside no fato de o livro da autora ter sido publicado longe da Corte. Para outros, a escritora ser mulher e negra teria influenciado mais do que a localização geográfica, pois publicações masculinas eram encontradas no mesmo período. Acreditamos que gênero e raça interferiram sobremaneira no processo de invisibilização de sua obra e sua contribuição.

Com isso, podemos dizer que a invisibilidade feminina é produzida a partir de várias condições. As mulheres eram menos vistas no espaço público, que era o único espaço que despertava o interesse em relatos e descrições neste período.[37] O acesso à educação e à escrita era tardio para as mulheres e elas quase não deixavam vestígios escritos. Para que fossem registradas na história, eram necessários fontes e documentos, algo escasso até então. Além disso, a própria língua, que usava o gênero masculino no plural, acabava apagando as mulheres dos registros, assim como das estatísticas, que quase sempre não consideravam o gênero.

E, apesar dos processos de invisibilização, que sistematicamente as mulheres sofrem na produção e disseminação de conhecimento, aquelas que insistem em estudar, investigar e escrever tornam-se protagonistas e dignas de terem seus pensamentos e experiências divulgadas. Mesmo com todas as dificuldades, sempre existiram mulheres que deixaram registros de seu conhecimento. Quem já ouviu sobre Sor Juana Inés de la Cruz,[38] uma freira mexicana da Ordem de São Jerônimo nascida por volta de 1648, que deixou alguns dos escritos mais antigos da América Latina, como sonetos, especulações científicas e salmos?

Entretanto, ao longo do tempo, as experiências históricas consideradas dignas de registro começaram a abarcar outras experiências a partir da visibilidade de certas práticas até então silenciadas.[39] Novos sujeitos femininos foram incluídos nos discursos históricos, enquanto outras temáticas de investigação emergiram. No Brasil, somente na década de 1980, aproximadamente, ampliou-se o leque temático, incorporando novos agentes sociais como mulheres, negros, prostitutas e pessoas com doenças mentais.

No ensino voltado às camadas mais baixas também havia distinção entre os currículos para homens e mulheres. As então Escolas de Aprendizes Artífices[40] foram oficializadas em 1909 e atualmente são conhecidas como os Institutos Federais de Educação, Ciência e Tecnologia. Essa formação estabelecia para os dois primeiros anos letivos a aprendizagem de trabalhos manuais como uma etapa pré--vocacional da prática de ofícios. Para os próximos anos, o ensino seria direcionado aos ofícios manuais e às técnicas comerciais, como datilografia; arte do reclame (publicidade) e prática de contabilidade; escrituração mercantil e comercial. O público-alvo era os menores de dez a dezesseis anos, com preferência para aqueles financeiramente desfavorecidos. Havia cursos voltados apenas para o público feminino, como economia doméstica, costuras e chapelaria, mas também alguns cursos mistos, como artes decorativas e atividades comerciais.

No Brasil, o ensino superior para mulheres somente foi possível a partir de 1879, com o consentimento de Dom Pedro II, sendo que o ensino superior era frequentado majoritariamente por homens até os anos 1970. Do mesmo modo, somente em 1917 as mulheres obtiveram o direito de ingressar no serviço público.

Dados demonstram que as mulheres que se direcionaram para ocupações de nível superior são predominantemente mulheres brancas, enquanto as mulheres oriundas de classes mais pobres, em sua maioria negras, se dirigem para a produção na indústria e para o setor de prestação de serviços, com destaque para o serviço doméstico. Aqueles que se autodeclaram brancos ainda predominam nos níveis mais altos de escolaridade e, mesmo que a formação no âmbito do ensino superior entre as pessoas negras tenha aumentado nos últimos anos, a média dos anos de formação educacional de pessoas negras é de oito anos, enquanto a de pessoas brancas é de dez anos.[41]

Ainda que as mulheres sejam a maioria no ensino superior brasileiro, elas permanecem sub-representadas em cursos de maior prestígio e sobre-representadas naqueles de menor prestígio.

Por exemplo, dentre os vinte cursos de graduação mais numerosos em 2017, que reuniram 5.432.301 matrículas de graduação, verificou-se que as mulheres continuam sendo a maioria em cursos ainda considerados tradicionalmente femininos, como serviço social, enfermagem, nutrição, psicologia, letras, pedagogia e demais licenciaturas. Mas carreiras científicas consideradas de prestígio como física, matemática, computação e engenharias permanecem como campos masculinos.[42]

Os dados do censo da educação superior realizado em 2022[43] mostram que os cursos nas áreas da educação, saúde e bem-estar, ciências sociais, comunicação e informação, artes e humanidades, negócios, administração e direito e serviços têm majoritariamente mulheres como concluintes, enquanto cursos nas áreas de computação, tecnologias da informação, comunicação e engenharia, produção e construção têm mais homens como concluintes. Observa-se que cursos na área de ciências naturais, matemática e estatística passam a ter mais mulheres do que homens como concluintes no ensino superior.

Aqui, observam-se algumas mudanças em prol da igualdade de gênero no ensino superior. Mas divisões sociais e estereótipos ainda operam no campo da educação, uma vez que determinadas áreas e cursos superiores nos quais há mais mulheres ainda são considerados campos de formação profissional menos valorizados.

Isso é bem perceptível nas áreas de ciências exatas e engenharias, pois as mulheres encontram-se sub-representadas entre professores e estudantes e, entre as mulheres, as pardas e pretas encontram-se em menor número, sinalizando que, mesmo com a melhoria no acesso ao ensino superior, a sub-representação feminina e de pessoas negras é mantida em cursos mais prestigiados. Mais especificamente, computação e engenharias permanecem como campos de conhecimento masculinos, o que demonstra que a política de cotas não tem sido suficiente para melhorar a participação de mulheres, e mais ainda das mulheres negras nessas áreas. Lembrando que há muito mais mulheres brancas com o ensino superior do que mulheres negras. Além disso, existem dificuldades para ingresso e conclusão em cursos da área tecnológica para mulheres acima de 25 anos, provavelmente devido à fase de matrimônio e maternidade, assim como para a inserção no mercado de trabalho, aspectos que impactam a vida profissional e acadêmica.[44] Imaginem os esforços emocional, mental e físico das mulheres que, apesar de tudo, estão conseguindo se manter no ensino superior.

No campo educacional existem algumas dimensões[45] em relação à igualdade de gênero: a) haveria igualdade de gênero se existisse igualdade de acesso entre homens e mulheres, ou seja, oportunidade para ambos acessarem o mesmo tipo de educação no sistema escolar, de qualquer nível, inclusive no nível superior; b) haveria igualdade de permanência se ambos tivessem as mesmas condições de permanência no sistema de ensino durante o seu processo de formação; c) haveria igualdade de produção se ambos tivessem a probabilidade de adquirir conhecimentos semelhantes; e d) haveria igualdade de resultado se homens e mulheres tivessem as mesmas oportunidades de usufruírem de vidas com rendimentos iguais e obtivessem trabalhos do mesmo status social.

Refletindo sobre essas dimensões em relação à igualdade de gênero no ensino superior, podemos apontar alguns aspectos.[46] Há igualdade de gênero no acesso à universidade, pois mulheres e homens têm a oportunidade de acessar o mesmo tipo de educação no nível superior. Ao contrário, quando a igualdade se refere à permanência na universidade, não se pode afirmar que exista igualdade de gênero, pois mulheres e homens não têm as mesmas condições de permanência no sistema de ensino durante o seu processo de formação. No Brasil, são as meninas e mulheres que precisam renunciar à educação em prol do trabalho de cuidado com irmãos menores, filhos e idosos da família.

Outro ponto importante para refletir é que meninos talvez apareçam com maiores taxas de reprovação na escola porque suas famílias os levam a se matricular mais vezes, e que as meninas podem ser forçadas a desistir mais rapidamente da escola, o que levaria ao maior registro de reprovação dos meninos devido às suas diversas tentativas.

Haveria igualdade de produção quando ambos têm a probabilidade de adquirir conhecimentos semelhantes. No entanto, é possível que em sala de aula sejam empregados tratamentos diferentes para mulheres e homens a depender da área de conhecimento do curso, do grau de sexismo na instituição de ensino, da região na qual está a instituição e dos professores. E haveria igualdade de resultado se mulheres e homens tivessem as mesmas oportunidades de usufruírem de vidas com rendimentos iguais, obtendo trabalhos do mesmo status social, o que não ocorre.

Além disso, igualdade de gênero implica que as mulheres não sejam excluídas nem desencorajadas de certas trajetórias profissionais acadêmicas e profissionais que levam a melhores oportunidades de trabalho somente porque são mulheres.

No Brasil, as políticas são muito mais voltadas para mulheres do que para políticas com perspectiva de gênero. Por conseguinte, as mulheres são vistas como as principais responsáveis por determinadas atividades, remuneradas ou não, e áreas de atuação. Isso faz com que elas não possam prosseguir em sua formação educacional, tenham condições precárias de trabalho, além de viverem em meio a uma divisão desproporcional de tarefas domésticas não remuneradas em suas famílias.[47]

Com isso, podemos afirmar que o gênero vem sendo desconsiderado ou preterido nas políticas públicas educacionais e que o processo de construção dessas políticas não é neutro. Os governos e formuladores de políticas públicas operam em sociedades sexistas, patriarcais, estereotipadas e segmentadas por raça e gênero no campo do trabalho, com muito mais homens em cargos de exercício de poder, e, portanto, são a visão e modos de percepção dos homens que ainda ditam as normas sociais para todas as pessoas.

Embora a sub-representação feminina na sociedade seja um reflexo da histórica dificuldade de acesso das mulheres à educação, também pode ser um sinal de culturas institucionais não inclusivas, tampouco voltadas para mudanças sociais e culturais de ampliação da igualdade de gênero.[48]

Isso é perceptível no próprio sistema educacional, no qual há um processo de reprodução de estereótipos e preconceitos de gênero em materiais didáticos e processos de ensino e aprendizagem, muitas vezes com comportamentos sexistas de gestores(as) e professores(as) e o uso de linguagem sexista.

LINGUAGEM SEXISTA

Sabemos que muitos aspectos da sociedade melhoraram, mas muito ainda precisa ser feito. Podemos dizer que a invisibilidade feminina, por exemplo, está sendo reduzida lentamente.

O processo de invisibilização das mulheres sempre foi produzido a partir de várias condições. As mulheres de elite eram menos vistas no espaço público, que era o único espaço que despertava o interesse em relatos e descrições, e, portanto, eram menos registradas na história. O acesso das mulheres à educação e à escrita era difícil e, quando ocorria, era tardio, pois, por muito tempo, a maioria sequer tinha acesso à educação.

A própria língua, que continua colocando o gênero masculino como predominante nas palavras no plural, acabava apagando as mulheres dos escritos. Além disso, historicamente, as estatísticas quase sempre não consideravam o gênero, e um mundo de conhecimento foi construído sem considerar as mulheres.[49]

A linguagem[50] é um agente socializante de gênero, uma construção socio-histórica e, logo, algo que pode ser ensinado e aprendido. Ela também pode ser modificada e, por meio dela, influenciar os pensamentos propagados pelas pessoas na sociedade. Estamos falando do androcentrismo, que é o uso do masculino como genérico para homens e mulheres. Usar o masculino como dominante torna invisível a existência e a presença das mulheres na história, nos escritos, no cotidiano e no mundo.

A linguagem sexista dificulta o reconhecimento e a valorização dos saberes construídos pelas mulheres ao longo do tempo, mais especificamente na produção textual, nos conhecimentos disseminados em escolas e universidades, em livros técnicos e artigos científicos; elas são invisibilizadas quando apenas um sobrenome é utilizado nas referências.

Assim, no processo de formação educacional de todos nós, desde a educação infantil até o ensino superior, incluindo aí a formação em gestão e administração, é importante evitar o uso sexista da linguagem, que pode invisibilizar a presença das mulheres e reforçar a imagem de que apenas homens (e geralmente brancos) são produtores de conhecimentos. Esses processos de silenciamento e de invisibilização apagam as mulheres dos registros, da história, dos discursos, assim como das teorias e das conquistas científicas.

Na teorização sobre organizações, a linguagem e a escrita patriarcal, além de serem padrões, são consideradas o meio de comunicação desejado para o discurso acadêmico.[51] Mas isso precisa mudar, e logo. Na própria comunicação organizacional é possível perceber esse tipo de linguagem.

Quando lemos sobre um processo seletivo para alguma organização que há "vagas para engenheiro civil e secretária", o que estamos vendo? O que nos foi comunicado? Quais estereótipos de gênero estão sendo reforçados? Que direcionamento estamos recebendo em relação à segmentação no mercado de trabalho, o que o status quo da divisão social no trabalho está nos comunicando? Se a organização colocasse em seu comunicado que há "vagas para pessoas com formação em engenharia civil e secretariado executivo", por exemplo, não estaria partindo do pressuposto que quem assumirá a vaga de engenharia será um homem, tampouco que quem assumirá a vaga de secretariado será uma mulher.

Importante também nomear diretamente quem pratica ações, quem pratica violências, enfatizando isso. Ao noticiar a agressão de uma mulher pelo companheiro, por exemplo, em vez de dizermos que uma mulher foi atacada, é mais apropriado dizer que um homem atacou uma mulher.

Outro exemplo: você sabia que Beatriz Wahrlich já foi considerada a "patrona" da administração pública brasileira, figurando ao lado de Alberto Guerreiro Ramos, mas muito menos conhecida do que ele? Devido à qualidade dos estudos por ela realizados, de sua pesquisa e de seu ensino, ela mereceria receber o título de patrona da Administração Pública no Brasil.[52] No entanto, ela não chegou a receber.

Por que patrona? O termo mais adequado não seria matrona? Ou a versão feminina de patrono: patronesse? Patrono seria um homem protetor, uma espécie de padrinho, paraninfo, enquanto matrona seria uma mulher madura e corpulenta, não uma madrinha. Por que matrona se refere ao corpo e patrono à qualificação e até a honrarias?

Na mesma linha de pensamento sobre essa linguagem sexista, vamos refletir sobre a palavra "Patrimônio", relacionada à palavra pai, além de herança paterna, e que pode significar riqueza, bens, direitos a receber que têm valor econômico, enquanto "Matrimônio" (relacionado à palavra mãe) significa somente casamento. Ou ainda quando usamos homem como sinônimo de ser humano, de espécie humana e até de humanidade, causamos a invisibilização das mulheres, estabelecendo o homem como gênero universal e as mulheres como um gênero particular, tornando-as subsumidas.[53]

Para além da busca por uma linguagem não sexista, também existem alguns termos que vêm sendo cada vez mais utilizados e que são importantes nesse contexto da igualdade de gênero nas organizações e na sociedade: *gaslighting, manterrupting, mansplaining* e *bropriating*.

Gaslighting ocorre no momento em que um homem manipula eventos e narrativas com a intenção de encobrir práticas abusivas, fazendo com que a mulher comece a duvidar e a não ter mais certeza sobre o que viu, escutou ou viveu, causando um sentimento de confusão sobre suas percepções.

Manterrupting ocorre quando um homem interrompe a fala de uma mulher, impedindo ou dificultando que ela termine o que pretendia dizer, inclusive prejudicando a formulação de sua ideia, demonstrando a desvalorização da fala feminina.

Mansplaining ocorre quando um homem tenta explicar, às vezes sem sucesso, algo que a sua interlocutora já sabe e domina, tendo em vista que ela pode ser uma profissional da área e o homem, não. Também pode ocorrer quando algum homem quer explicar aspectos próprios da mulher, como o funcionamento de seu corpo, suas emoções, o que pode abalar sua autoconfiança em relação aos conhecimentos que tem sobre si mesma.

Bropriating ocorre por meio da apropriação de conhecimentos produzidos por uma mulher, seja de suas ideias ou dos produtos e serviços oriundos delas.

Uma formação educacional para meninas e meninos, para jovens e depois para mulheres e homens que eduque para a igualdade de gênero e igualdade racial, que eduque por meio de uma linguagem não sexista, é crucial para uma sociedade menos desigual.

E ELAS NÃO SÃO MULHERES? DIVISÃO SEXUAL E RACIAL DO TRABALHO, LÉSBICAS E TRANSEXUAIS

A divisão sexual do trabalho prioriza a atuação masculina na chamada esfera produtiva, enquanto direciona a atuação das mulheres na chamada esfera reprodutiva, além de levar à apropriação, por parte dos homens, de funções socialmente mais valorizadas.[54]

Havia uma relação entre a divisão sexual do trabalho e a delimitação do espaço laboral ocorrida durante o desenvolvimento do capitalismo comercial (séculos XII a XVIII), quando as antigas unidades domésticas rurais e oficinas de artesãos urbanos foram transformadas em empresas familiares. Tal divisão teria destruído o compartilhamento de atividades entre os membros da família, liberando os homens para a realização de atividades consideradas produtivas (fora do lar), enquanto as mulheres eram cada vez mais responsabilizadas por tarefas domésticas e mal pagas por tarefas fora do lar.

No entanto, podemos considerar outros acontecimentos dessa época. O trabalho em domicílio continuou ao lado da manufatura mecanizada até boa arte do século XX. Se no mundo pré-industrial havia um trabalho de base cooperativa nas famílias, com todos da casa participando de atividades de produção de alguma mercadoria, com a mecanização da produção e a expansão da quantidade de fábricas, não deixa de coexistir trabalho informal e não remunerado nas famílias. Isso dá a impressão equivocada de que antes as mulheres conseguiam conciliar os trabalhos domésticos e os trabalhos produtivos e que, depois que o trabalho considerado produtivo foi para o espaço externo, elas não conseguiam mais conciliá-los.

Vejamos algumas informações sobre as mulheres trabalhadoras no século XIX.[55] Nos correios e telégrafos de alguns países europeus, a hierarquia salarial, o sistema de promoção e a concentração de mulheres em certos tipos de ocupações e áreas profissionais formaram uma força de trabalho sexualmente segregada.

Alguns pressupostos estruturaram tal segregação: as mulheres receberiam salários menores, seriam menos produtivas do que os homens e somente aptas para o trabalho principalmente em sua juventude solteira; elas seriam capazes de exercer apenas trabalhos que não exigiam muita qualificação, trabalhos eventuais ou trabalhos na área de serviços.

Esses pressupostos acabaram construindo modelos de trabalho que passariam a ser considerados específicos para mulheres. Outro tipo de organização com a qual as mulheres interagiam, ou pelo menos tentavam interagir no século XIX, eram os sindicatos.

Até mesmo essas organizações criavam inúmeras dificuldades para a sua participação. Apesar de existirem alguns sindicatos que aceitavam a filiação de mulheres e alguns sindicatos exclusivos para mulheres, outros solicitavam que elas levassem uma autorização escrita de seus maridos ou pais para poderem se manifestar em reuniões e assembleias sindicais.

Também ocorria de terem sua afiliação ao sindicato permitida apenas se recebessem os mesmos salários que os homens, invertendo a lógica de que a luta por salários iguais para as mesmas atividades deveria ser motivo para os sindicatos se mobilizarem, e não condição para a sua afiliação. Essa prática contraditória ocorreu em sindicatos de tipógrafos na Inglaterra, na França e nos Estados Unidos.

Apesar de muitas mulheres trabalharem na indústria têxtil no decorrer do século XIX, outras tantas trabalhavam em pequenas manufaturas, comércio e serviços, ou mais próximas de um modelo pré-industrial, permaneciam trabalhando em casa, lojas, mercados, com a venda de alimentos pelas ruas, como lavadeiras, produzindo fósforos, caixas de papel e flores artificiais. Com isso, podemos dizer que as mulheres no campo do trabalho, ou seja, as mulheres compreendidas como trabalhadoras se tornaram objeto de atenção a partir da Revolução Industrial.

Só que, nesse mesmo momento, elas também passaram a ser percebidas como um problema devido à transferência da produção no âmbito doméstico para as fábricas. Até porque no período pré-industrial se considerava que as mulheres tinham combinado com êxito as atividades consideradas produtivas e externas ao lar com a criação de filhos e o trabalho doméstico.

No Brasil,[56] as mulheres foram absorvidas pelas indústrias, com destaque para a atuação na área têxtil, no período que vai do final do século XVIII até o início do século XIX. Nessa época, as principais ocupações eram o serviço doméstico, o emprego agrícola e o emprego fabril com destaque para a costura.

Nesse contexto emergem os movimentos operários que, apesar da quantidade expressiva de crianças e mulheres nas indústrias brasileiras, foram liderados por homens. Esses movimentos, no início do século XX, defendiam o retorno das mulheres aos seus lares, partindo do entendimento que era da competência delas o cuidado com a casa, filhos e marido. Desse modo, pode-se afirmar que essas mobilizações do movimento operário contribuíram para consolidar a divisão sexual do trabalho.

Rememorando o discurso de Sojourner Truth no ano de 1851, na Convenção de Direitos das Mulheres (Women's Rights Convention), em Ohio, em um encontro em que clérigos debatiam sobre os direitos das mulheres, a célebre indagação "e eu não sou uma mulher?" aqui se faz pertinente. As mulheres negras não são mulheres? Dentre as pessoas LGBTQIA+ e outras dissidências, não podemos considerar algumas dessas pessoas como mulheres? E as lésbicas e transexuais?

Importante frisar que nem sempre as mulheres estiveram restritas à esfera privada. Enquanto aos homens era permitida e até incentivada a circulação pela cidade, as mulheres trabalham desde tempos imemoriais, inclusive em suas próprias casas, como já tivemos oportunidade de apontar.

Quando foi aceita socialmente a ideia de que parte delas devia ficar mais reclusa, ainda assim, muitas permaneceram circulando na esfera pública. Por exemplo, as mulheres negras escravizadas podiam circular de acordo com a vontade de seus senhores e as mulheres pobres (incluindo as brancas pobres) podiam circular de acordo com a vontade de seus maridos.

Desse modo, além da clássica divisão sexual do trabalho, percebemos uma divisão racial, pois a permissão ou não para a circulação de mulheres negras e pobres influenciava no desenvolvimento de atividades laborais no âmbito público.

O lugar social da mulher no capitalismo foi investigado na década de 1970.[57] A investigação apontou para a importância da divisão sexual e racial do trabalho, identificando desigualdades entre homens e mulheres, mas também entre as mulheres brancas e as mulheres negras. Também refletiu sobre a dificuldade para mulheres de classes diferentes estabelecerem relações de solidariedade devido ao lugar de privilégio das mulheres de classes mais altas.

Ao pensarmos a divisão sexual e racial do trabalho, de maneira que essas divisões estejam articuladas, conseguimos reconhecer que a maioria das mulheres ameríndias e amefricanas são aquelas que compõem o proletariado afro-latino-americano. Talvez isso também seja uma das consequências do processo de colonização, pois não teriam sido somente as divisões sociais – como a racial e a sexual – oriundas dos colonizadores; também os modos de funcionamento do aparato jurídico-administrativo vieram com eles para cá.[58]

Isso reforça o entendimento de que os patriarcados pré-coloniais foram potencializados sobremaneira pelo processo de colonização, com a imposição do sistema de gênero europeu e suas consequências nas relações entre homens e mulheres nas colônias. Consequências essas que perduram até hoje.[59]

Os invasores associaram o trabalho não pago às raças dominadas e as identidades históricas, à ideia de raça, que acabou relacionada a determinados lugares e papéis na nova estrutura global de controle do trabalho. A partir disso, a divisão do trabalho e a raça foram estruturalmente associados, reforçando-se mutuamente.[60]

A construção de identidades ligadas aos ofícios produziu uma valorização de trabalhos relacionados à força, à virilidade e ao perigo, enquanto isso levava a uma desvalorização dos trabalhos realizados por mulheres, relacionados à minúcia e à repetição. Exemplos dessa identidade de ofício podem ser observados nos trabalhadores de minas, caminhoneiros e trabalhadores de construção civil.[61]

Esses modos de identificação podem dificultar e até impossibilitar a construção de relações de reconhecimento recíproco, sobretudo em relação às mulheres, muitas vezes, percebidas como naturalmente dominadas na esfera doméstica e naturalmente inferiores no campo do trabalho, isto é, tal identificação leva à produção de estereótipos.

Por exemplo, há uma ideia de que mulheres seriam mais aptas para a área de gestão de pessoas ou organizações do terceiro setor e que homens seriam mais aptos às áreas de operações e produção. Isso é uma construção social que pode ter implicações nas práticas organizacionais, pois homens podem receber salários mais altos do que mulheres nesse tipo de cargo apenas porque são homens.

Os resultados de uma pesquisa apontam que a discriminação racial e étnica no processo de recrutamento é maior para cargos de liderança do que para os demais cargos.[62] Esse tipo de discriminação mostra-se como um importante aspecto para a reduzida quantidade de líderes não brancos, com uma quantidade ainda menor de mulheres não brancas.

Pesquisas anteriores sugerem que a falta de líderes de demais raças e etnias estaria relacionada a estereótipos negativos e à falta de redes de relacionamentos, e até à falta de oportunidades de mentoria. Contudo, o estudo mencionado contradiz esses resultados, mostrando que a discriminação racial e étnica em relação a cargos mais altos existe e ela aumenta quando o contato com os clientes é necessário.

Ainda chamamos a atenção para lésbicas e transexuais, que também são mulheres, mas nem sempre reconhecidas como tal no ambiente organizacional.

> Se alguém "é" uma mulher, isso certamente não é tudo o que esse alguém é; o termo não logra ser exaustivo, não porque os traços predefinidos de gênero da "pessoa" transcendam a parafernália específica de seu gênero, mas porque o gênero nem sempre se constitui de maneira coerente ou consistente nos diferentes contextos históricos, e porque o gênero estabelece interseções com modalidades radicais, classistas, étnicas, sexuais e regionais de identidades discursivamente constituídas.[63]

Será que as organizações estão oportunizando vagas de trabalho para essas mulheres? Em que condições de trabalho? Elas sofrem assédio? São pressionadas para se comportarem de determinadas maneiras, de acordo com estereótipos e preconceitos de gênero? Elas têm algum apoio institucional nessas ocorrências? Têm apoio para crescimento em sua carreira?

Daí a importância de as organizações promoverem políticas e práticas que transformem a organização do trabalho, de modo a facilitar que tanto os homens quanto as mulheres (de todos os tipos) venham a desempenhar as atividades de cuidado, com o apoio do Estado, que precisa se responsabilizar pela oferta de serviços que visem o equilíbrio entre trabalho e família e a reformulação da divisão sexual do trabalho remunerado e não remunerado.[64] Do mesmo modo que é necessária a promoção de políticas e práticas antirracistas, igualitárias e em prol de diferentes modos de ser e estar no mundo.

ELAS E AS DESIGUALDADES

Mesmo com a desigualdade sendo uma característica do desenvolvimento humano, ela conseguiu ser acentuada durante a pandemia da covid-19, agravando problemas sociais, incluindo os ligados ao gênero. Os países que enfrentam ameaças ecológicas, como a escassez de recursos e catástrofes naturais, também tendem a ser países que enfrentam maior vulnerabilidade social, onde o desenvolvimento humano é mais precário e as mulheres enfrentam as maiores dificuldades.[65]

Por exemplo, mesmo que a formação educacional tenha tido melhorias no país e que as mulheres venham superando os homens nos indicadores educacionais, elas não alcançaram resultados compatíveis com sua qualificação, pois a obtenção de um diploma não significa que receberão os mesmos salários, ocorrendo diferenças de acesso e de conclusão entre estudantes em relação ao gênero, raça, etnia e classe.[66]

Estamos falando de desigualdades, mas poderíamos falar também em inequidades. Há uma distinção entre igualdade e equidade. Igualdade de gênero é algo que pode ser medido por meio da comparação entre homens e mulheres em relação à educação, ao emprego, à remuneração etc.

Equidade de gênero é algo mais sutil, podendo levar a resultados diferentes para homens e mulheres, com oportunidades para ambos, relacionada à percepção de justiça e oportunidades. Assim, alcançar a equidade pode implicar uma distribuição desigual de recursos, uma vez que alocar recursos de acordo com as condições e necessidades específicas de uma pessoa ou grupo implica um tratamento desigual que, no entanto, pode ser considerado equitativo.

A promoção da equidade de gênero pode ser uma solução para lidar com sistemas desequilibrados num processo de curto a longo prazo até que um sistema devidamente equilibrado e justo possa ser alcançado.[67] Contudo, na literatura sobre igualdade de gênero, muitas vezes esses termos são utilizados como sinônimos. Falaremos em desigualdades de gênero, raciais e salariais, lembrando que todas foram construídas e aceitas socialmente e, por isso, podemos mudá-las. Mas como essas desigualdades foram produzidas?

Desde o processo de invasão e de colonização do Brasil, no início do século XV, machismo e racismo vêm produzindo desigualdades. A maioria dos homens brancos que chegaram aqui com suas especificidades históricas e culturais, em meio a lutas e resistências dos povos originários, e mais tarde, dos povos que foram escravizados, forjaram modos de ser machistas e racistas. As relações mais antigas de dominação (entre os sexos) e as mais recentes historicamente (entre as raças) ganham configurações surpreendentes em nosso país.

Também podemos falar em relações de gênero, visto que elas estão baseadas na desigualdade, ou mesmo no patriarcado, em que a estrutura política da humanidade se apresenta como mais arcaica e persistente, compondo o modo de funcionamento das demais desigualdades de prestígio e poder, como as formas econômicas, políticas, coloniais e raciais de supremacia.[68]

No processo de colonização, as mulheres foram estereotipadas e, quanto mais inferiores fossem consideradas suas raças, mais próximas da natureza elas eram percebidas — como se isso fosse algo ruim.

Com isso, a primeira classificação que o processo de colonização produziu foi uma divisão entre humano e não humano, e em seguida, a invenção do gênero, com a supremacia do homem branco europeu, o qual possuía direitos sobre as mulheres de seu próprio grupo.[69]

As mulheres brancas europeias eram consideradas reprodutoras da raça e do capital. Com isso, uma supremacia branca foi sendo imposta às pessoas não originárias do mundo europeu. Além disso, não seria possível afirmar que o sistema de gênero funcionaria do mesmo modo para os povos colonizados.[70]

Assim, estudos apontam que já existiam os patriarcados de baixa intensidade[71] que se tornaram ainda mais hierarquizados quando expostos à lógica de gênero no processo de colonização. O que traria consequências desastrosas num primeiro momento para as mulheres indígenas, e depois, para as mulheres negras.

Haveria certa organização patriarcal nas sociedades tribais, algo que poderia ser descrito como um patriarcado de baixa intensidade, pois estava distante da organização do gênero ocidental, bem mais demarcada. Também é compreendido como o entroncamento entre um patriarcado pré-colonial e outro colonial,[72] algo que acabou levando as mulheres do terceiro mundo a serem subordinadas a trabalhos domésticos não remunerados.

DESIGUALDADES DE GÊNERO

Muitas vezes as mulheres são tratadas de modo diferente nas organizações por serem mulheres. E não estamos falando de portas que são abertas para elas ou da ajuda com alguma caixa pesada de papéis. Isso é ótimo. Estamos falando de modos diferentes de tratamento que produzem desigualdades. E mesmo que algumas digam que não vivenciam esse tipo de desigualdade, não podemos generalizar suas experiências individuais, visto que a maioria dos estudos aponta para outras realidades.

No Global Gender Gap Index 2020,[73] o Brasil ficou na 92ª posição, de um total de 153 países, no que se refere à igualdade de gênero, sendo um dos quinze países mais populosos do mundo, com mais de 60% de suas mulheres no mercado de trabalho. Essa posição foi atingida a partir de vários aspectos, dentre eles o econômico, devido à existência de diferenças salariais entre homens e mulheres e devido à sub-representação feminina em muitas áreas de atuação profissional.

Os dados de 2023 são mais simpáticos. O Brasil ocupa a 14ª posição na América Latina e no Caribe, e a 57ª posição global. Em termos de desempenho, o país está na 86ª posição em participação econômica e oportunidades, na 73ª posição em desempenho educacional e na 56ª posição em empoderamento político.[74]

No entanto, em 2024 o Brasil caiu para 70ª posição, o que aponta que levaríamos cerca de 134 anos para atingir a equidade de gênero no país. A queda se deve principalmente à desigualdade econômica e à reduzida participação na política.[75] A promoção da igualdade de gênero está em terceiro lugar entre os oito Objetivos do Milênio das Nações Unidas e, em 2015, na Conferência da ONU, ocorreu o lançamento dos dezessete objetivos de desenvolvimento sustentável, como parte da Agenda 2030.[76]

Os objetivos compreendem mais de cem metas específicas que, quando trabalhadas de maneira integrada, teriam potencial para promover uma implantação efetiva, em nível global, de um desenvolvimento sustentável em suas três dimensões: a social, a ambiental e a econômica.

Obviamente a realidade social brasileira vem sendo paulatinamente transformada, mas ainda está distante da igualdade de gênero, ainda mais em um país no qual o número de mulheres é superior ao de homens (48,9% de homens e 51,1% de mulheres), isto é, mais da metade da população brasileira é composta por mulheres.[77]

As mulheres são as mais afetadas por problemas que ameaçam a sobrevivência, como as mudanças climáticas, a poluição, o desmatamento, a dificuldade do acesso à água, a pobreza. Nesse sentido, o Brasil ocupa atualmente a 84ª posição no Índice de Desenvolvimento de Gênero, que engloba também o IDH (Índice de Desenvolvimento Humano).[78]

É importante tomar nota de que os relatórios das Nações Unidas utilizam com mais frequência o termo igualdade do que o termo equidade, o que pode significar que ainda temos um longo caminho a percorrer até alcançarmos a equidade de gênero.

DESIGUALDADES RACIAIS

Além das desigualdades de gênero, as mulheres também vivenciam desigualdades raciais. Novamente, mesmo que algumas mulheres negras digam que não vivenciam esse tipo de desigualdade, não podemos generalizar suas experiências individuais, visto que a maioria dos estudos aponta para outras realidades.

Quando pensamos nos ganhos econômicos, sociais e políticos para muitas mulheres nas últimas décadas, é inevitável pensar que algumas formas de desigualdades persistem, tais como a segregação sexual no trabalho e a desigualdade de remuneração, e que grupos afetados pelas organizações muitas vezes ainda são esquecidos.[79]

Um levantamento de dados sobre o perfil social, racial e de gênero das quinhentas maiores empresas do Brasil e suas ações afirmativas[80] aponta que as pessoas negras, que eram 52,9% da população do país na época, encontravam-se, como as mulheres, em situação de desigualdade, sub-representação e afunilamento hierárquico.

As pessoas negras tinham sua participação resumida a 6,3% na gerência e 4,7% no quadro executivo, sendo que as mulheres negras estavam em condição ainda mais desfavorável, com 8,2% ocupando cargos de supervisão e 1,6% de cargos de gerência. No quadro executivo, sua presença se reduzia a 0,4%, com apenas duas mulheres entre 548 diretores negros e não negros de ambos os sexos incluídos na pesquisa.

Em pesquisa mais recente,[81] enquanto os Conselhos de Administração de grandes empresas são compostos por 77% de homens brancos, no outro extremo, o percentual de mulheres negras é de 1,8%. A representatividade de mulheres brancas está em 16,8%, ainda bem distante da paridade.

Em 2024, os indígenas figuram em números ínfimos (0,4%) no Quadro Funcional, não ocorrendo representatividade em nenhum dos níveis hierárquicos das grandes empresas.

No Brasil, dentre as mulheres, 43,3% são brancas e 55,3% são pardas ou pretas, excetuando-se as mulheres indígenas e amarelas.[82] Importante observar que a falta de informação pode gerar autodeclarações de pessoas indígenas como sendo pardas ou brancas, o que eleva a quantidade de pessoas negras (soma de pardos e pretos) ou brancas na contagem populacional, reduzindo a quantidade de pessoas indígenas.

A passos lentos, as condições de vida das mulheres negras vêm se alterando. No final da década de 1970,[83] as mulheres negras ainda ocupavam os mesmos espaços e papéis que lhes foram atribuídos desde o tempo da escravização. Essa realidade está sendo alterada com mais acesso à formação educacional, mas como já vimos, isso não significa igualdade de oportunidades e de remuneração.

Concordamos que, infelizmente, a identidade de gênero não se desdobra naturalmente em solidariedade racial,[84] ou seja, a consciência de ser mulher não significa que haverá solidariedade entre mulheres de todas as raças. Até porque, ao longo da história, mesmo que as mulheres tenham se tornado cada vez mais críticas e atentas às desigualdades que sofrem em relação aos homens e à sociedade patriarcal, a consciência de gênero muitas vezes permaneceu abaixo de outras consciências coletivas, como a racial e a de classe.[85]

Como contraponto, podemos dizer que a identidade racial, infelizmente, também não se desdobra em solidariedade de gênero intrarracial, ou seja, a consciência de ser negro não se traduz naturalmente em solidariedade entre mulheres e homens negros.

Basta ver as estatísticas de feminicídio, uma violência que atinge a todas as mulheres, porém mais as mulheres negras. Os dados mostram que os feminicídios no Brasil são praticados por companheiros ou ex-companheiros, sendo que a discriminação racial e de gênero no mercado de trabalho e o menor rendimento das mulheres negras podem torná-las mais dependentes economicamente de seus companheiros e mais vulneráveis à violência de gênero.[86]

Quando os companheiros são brancos, sexismo e racismo operam juntos. Ainda assim, um companheiro provavelmente não pratica feminicídio pelo fato de sua companheira ser negra, mas por ela ser mulher e encontrar-se vulnerável economicamente (aqui, sim, o aspecto racial se impõe).

Pode-se dizer que a invisibilidade de referências produz sentimentos de não pertencimento, e nos casos em que uma pessoa negra está em posições de comando e de saber, a falta de costume de ver e conviver com tais profissionais causa estranhamento, dúvida e até desconfiança, muitas vezes, por parte da própria pessoa negra quanto à sua competência para ocupar esse lugar.[87]

Desse modo, sexismo (tratamento discriminatório com mulheres), machismo (ideia de superioridade dos homens em relação às mulheres), racismo e classismo podem funcionar em conjunto, produzindo desigualdades e dificultando a mobilidade social de todas as mulheres, mas principalmente, de mulheres não brancas. É perceptível a ocorrência de um branqueamento conforme ocorre uma ascensão na hierarquia das organizações, do mesmo modo que a quantidade de homens aumenta substancialmente.

DESIGUALDADES SALARIAIS

Em meio a mudanças que ocorriam nos modos de produção, novas práticas foram sendo estabelecidas na Europa desde a década de 1840,[88] tais como salários mais altos para os homens, jornadas de trabalho menores e a busca pela melhoria das condições de vida da classe trabalhadora. No entanto, tais condições somente seriam possíveis com mulheres dedicadas e econômicas cuidando das famílias e das rotinas domésticas.

Essa assimetria salarial é fortalecida no século XIX a partir do discurso da divisão sexual do trabalho na economia política, com a noção de que o salário dos homens deveria ser suficiente para a sua subsistência e a de sua família, ao passo que em relação ao salário das mulheres (que fossem casadas), não era esperado que ele fosse suficiente nem para a sua própria subsistência.

Os trabalhadores percebiam as mulheres como um perigo que poderia reduzir os níveis salariais e, por isso, preferiam que elas permanecessem no âmbito doméstico.[89]

No Brasil do século XIX, praticamente apenas professoras podiam ensinar às meninas, o que era uma oportunidade profissional para as mulheres, embora a remuneração fosse inferior à dos homens, o que demonstra já nesse tempo uma defasagem salarial devido à segmentação ocupacional.

No Brasil, entre 1991 e 1996,[90] o rendimento recebido pelas mulheres em trabalhos não agrícolas correspondeu a 72% daquele recebido pelos homens e, ao considerar o aspecto racial, as mulheres negras eram mais prejudicadas por serem mulheres e negras.

As mulheres brancas estavam mais bem representadas do que as mulheres negras nos empregos com expectativa de obtenção de salários mais altos e com melhores condições de trabalho. Nos casos em que o nível de escolaridade feminino fosse maior que o masculino (superior a quinze anos de estudo), 85% dos homens e apenas 67% das mulheres ganhavam mais de cinco salários-mínimos.

Em 2014, as trabalhadoras brasileiras recebiam cerca de 27% a menos do que os homens em funções similares. Porém, apesar de algumas melhorias sociais nas últimas décadas, o Brasil continua sendo um dos países mais desiguais do mundo:[91] trabalhadores homens chegam a receber 50% a mais do que as trabalhadoras mulheres, uma diferença 10% maior do que a média dos países da Organização para a Cooperação e Desenvolvimento Econômico; as mulheres também estão mais propensas a exercer trabalhos informais.

Ambos os gêneros ainda tendem a concentrar-se em áreas diferentes e os trabalhos tradicionalmente associados aos homens, via de regra, pagam salários melhores do que aqueles tipicamente associados às mulheres. Quando elas começam a ocupar lugares em profissões antes dominadas por homens, o salário médio da profissão tende a cair.

Portanto, dizer que a disparidade salarial[92] advém apenas do preconceito de gênero ou do sexismo, ou ainda da sua aparente "preferência" por cargos com salários mais baixos é algo totalmente equivocado, pois a própria estrutura do campo do trabalho contribui para a existência desses aspectos.

A disparidade salarial advém de várias condições, e ela própria é condição para um ciclo que procura manter as mulheres em trabalhos subvalorizados. Talvez a preferência por cargos com salários mais baixos signifique preferência por trabalhos de meio período ou com horários mais flexíveis.

Afinal, enquanto as mulheres são responsabilizadas de modo desigual no trabalho de cuidado de pessoas e das rotinas domésticas, elas optam (muitas vezes é apenas o que lhes resta) por jornadas de trabalho reduzidas.

A maternidade também está relacionada com a desigualdade de rendimentos, pois tende a dificultar o envolvimento das mulheres no mercado de trabalho mais tradicional, com jornadas de oito horas diárias.

Uma pesquisa[93] aponta que a maternidade afeta de forma negativa a participação das mulheres pobres no mercado de trabalho, proporcionalmente ao número de filhos pequenos. Um fenômeno diferente do que acontece entre as mulheres mais ricas, pois a probabilidade de elas trabalharem aumenta à medida que aumenta o número de crianças com cinco anos ou menos na família.

Importante lembrar que, para as mulheres de classes mais altas trabalharem enquanto os seus filhos são pequenos, elas necessitam dos serviços normalmente prestados por mulheres em situações econômicas desfavoráveis, ou seja, mulheres das classes mais baixas.

Outro estudo[94] aponta que em termos de rendimentos, as mulheres ganharam, em média, 21% a menos do que os homens. Por setor de atividades, mesmo quando eram a maioria, elas receberam menos.

Vejamos alguns exemplos: na área de prestação de serviços domésticos, as trabalhadoras representavam cerca de 91% dos ocupados e o salário foi 20% menor do que o dos homens; na área de educação, saúde e serviços sociais, elas totalizaram 75% dos ocupados e tiveram rendimento médio 32% menor do que o dos homens. E as desigualdades continuam. A maioria dos domicílios no Brasil é chefiada por mulheres, sendo que dos 75 milhões de lares, 50,8% tinham liderança feminina, o que correspondente a 38,1 milhões de famílias.

As famílias com chefia masculina somaram 36,9 milhões. As mulheres negras lideravam 21,5 milhões de lares (56,5%) e as brancas, 16,6 milhões (43,5%). Em termos de renda média do trabalho da família, os menores valores foram registrados entre os domicílios monoparentais com chefia feminina (R$ 2.833,00) e unipessoais femininos (R$ 2.913,00). No caso das famílias chefiadas por mulheres negras com filhos, a renda média foi de R$ 2.362,00.

Com isso, vemos que as desigualdades estão atreladas, muitas vezes operando em conjunto na vida das mulheres, o que tem implicações em todo o tecido social. Não é uma questão individual, é coletiva.

ELAS NAS ORGANIZAÇÕES

Com o aparecimento das grandes empresas, cada um dos processos mais importantes passou a ser gerido por um departamento ou divisão, todos sendo supervisionados e coordenados por um escritório formado por executivos, consultores financeiros e assessores.

O escritório coordenava e monitorava o desempenho de cada departamento, planejava o crescimento da organização e alocava os recursos necessários à execução do que fora planejado.

Dessa maneira, pode-se dizer que houve uma espécie de transição entre o conhecimento empírico e uma gestão, de fato, mais sistematizada.

Esse processo de transição pode ser caracterizado em três fases:[95] a) os problemas de gestão e a organização do trabalho industrial eram resolvidos pelos próprios gestores envolvidos com as atividades; b) posteriormente, os procedimentos para a solução dos problemas de gestão passam a ser planejados por meio da experimentação sistematizada no interior das próprias empresas nas quais ocorriam; c) na última fase já havia uma sistematização da prática de gestão, pois os procedimentos de gestão e organização eram pautados no que outras empresas da mesma área de atuação faziam.

As empresas consideradas modernas possuíam várias unidades operacionais distintas e passaram a ser administradas por uma hierarquia de executivos assalariados, contratados em tempo integral. Ao assumir o controle de muitas unidades, passou a operar em diferentes lugares e suas atividades precisaram ser monitoradas e coordenadas por assalariados.

Essa hierarquia de gestores assalariados era composta de uma primeira e segunda linhas, considerada uma classe nova de homens de negócio. Conforme o trabalho nas unidades aumentava, os gestores empregavam mais subordinados (superintendentes, capatazes, contramestres) para supervisionar os demais trabalhadores.

No entanto, até 1840 não havia gestores de segunda linha nos Estados Unidos,[96] ou seja, não havia chefias que supervisionassem o trabalho de outras chefias e que, por sua vez, estivessem subordinados aos executivos de primeira linha, também assalariados, sendo que quase todos os gestores de primeira linha ainda eram proprietários, sócios ou acionistas majoritários.

No início do século XX, a eletricidade tornava-se uma importante fonte de energia industrial e juntamente com novas tecnologias acabou sendo incentivo à inovação na indústria estadunidense. Com exceção das ferrovias, as grandes empresas modernas praticamente inexistiam antes da década de 1880.

No Brasil, as atividades industriais começaram a adquirir importância no eixo Rio-São Paulo apenas

nas décadas finais do século XIX, sendo que no ano de 1882 foi criada a primeira associação de industriais no Rio de Janeiro e, embora sua existência tenha sido efêmera, isso indicava que um grupo social com interesses específicos estava em processo de constituição.[97]

Em 1956, aqueles que trabalhavam em organizações e estavam vinculados sobremaneira ao seu trabalho e à própria organização foram chamados de "homem organização".[98] Essa concepção de ser humano nada tem a ver com operários ou trabalhadores de escritório, sendo voltada para pessoas que trabalham para a organização, que acreditam pertencer a ela, que praticamente fizeram votos para uma vida nela, quase um vínculo físico e espiritual.

Ele podia ser encontrado em diversos tipos de organização: o seminarista que terminará por encabeçar a hierarquia eclesiástica, o médico que estará à frente de uma clínica particular, o intelectual que trabalha em um projeto de uma fundação, o engenheiro que trabalha em uma companhia, um aprendiz de um escritório de advogados de Wall Street.

Notem que, até o presente momento, as informações e os acontecimentos históricos sobre as organizações têm como protagonistas os homens. Durante boa parte do século XX as mulheres não tinham acesso à educação e tampouco eram protagonistas no espaço público, excetuando-se as pobres e escravizadas. Aqui ficam explícitos os aspectos androcêntrico, sexista e racista na sociedade, nas ciências e na própria educação, dado o silenciamento de vozes femininas nos discursos científicos e organizacionais.

Contudo, trazemos um exemplo de proprietária de organização educacional no século XIX, Nísia Floresta, uma das primeiras brasileiras a ter um colégio, visto que a maioria das instituições de ensino era dirigida por estrangeiros. Desde a divulgação da inauguração de seu colégio em jornais, Nísia recebeu críticas ao empreendimento. As críticas não se referiam à sua capacidade intelectual ou administrativa, mas às inovações educacionais para as meninas que, diferente de outros estabelecimentos de ensino, poderiam aprender o mesmo que os meninos.[99]

Nísia empreendeu num país no qual as mulheres empresárias e trabalhadoras foram mantidas sob a tutela dos maridos até 1962. Elas tinham direitos à propriedade, contudo, somente podiam exercer o poder sobre seus bens a partir da autorização de familiares homens ou de algum juiz. Desse modo, ela pode ser considerada uma empreendedora no campo educacional do século XIX.

Agora, vejamos dois exemplos de mulheres empresárias dos Estados Unidos que poderiam aparecer na literatura organizacional: Madame C.J. Walker (1867-1919) e Mary Kay Ash (1918-2001). Sarah Breedlove, mais conhecida como Madame Walker, foi a quinta de seis filhos de ex-escravizados. Depois de ter trabalhado em plantações de algodão, ela buscou educação em escolas públicas noturnas, estabeleceu relações com mulheres que frequentavam a Igreja e a Associação Nacional de Mulheres de Cor; desenvolveu produtos voltados para o cuidado e tratamento de cabelos afro, criou uma escola para treinamento de suas revendedoras e para o ensino sobre beleza e autoestima, fatos que a levaram a ser a primeira milionária afro-americana e proprietária da Madame C.J. Walker Manufacturing Company.[100]

Em 1963, Mary Kay Ash fundou a Mary Kay Inc., negócio de cosméticos que atualmente está presente em mais de quarenta países. Em 1996, a Mary Kay foi uma das vinte empresas presentes no livro *As grandes histórias de negócio de todos os tempos* da revista Forbes, e Mary Kay Ash foi a única mulher referenciada na obra. Além disso, a empresa já esteve no ranking das melhores empresas para mulheres e para a diversidade da Forbes.

Em 1981, ela publicou o livro *Milagres que Acontecem*, contando um pouco sobre a sua história e a da empresa. Em 1984, o livro *The Mary Kay Way* foi publicado nos Estados Unidos e tem sido usado no treinamento das pessoas que ocupam cargos de liderança na companhia.[101]

Madame C.J. Walker e Mary Kay contribuíram para mudar a vida financeira de milhares de mulheres e suas famílias por meio da oportunidade de trabalho digno. Como contraponto, em ambos os casos o empreendimento ocorreu na área de embelezamento e cosméticos, área percebida socialmente como feminina, corroborando a segmentação ocupacional.

A participação das mulheres no mercado de trabalho é ampliada a partir da década de 1970. Um estudo de 1975[102] mostra que as mulheres com formação no ensino superior atuavam basicamente em atividades administrativas e serviços de assistência e saúde, não tendo oportunidades de trabalho na área de produção, mesmo com formação para tal, isto é, as mulheres com ensino superior que trabalhavam no setor industrial não ocupavam cargos de gestão.

Outro ponto identificado é que, para as mulheres participantes, o casamento e filhos pequenos eram aspectos que poderiam levar ao afastamento do mercado de trabalho, pois elas aceitavam as expectativas de papel ligadas a um modelo de mulher doméstica, aquela que é responsável pelo cuidado da casa e da família.

No início da década de 1990, ocorreu uma investigação[103] sobre as relações de trabalho de mulheres executivas. Provavelmente, esse foi o primeiro estudo sobre tal tema no âmbito da área de administração e traz resultados importantes.

Tanto para entrevistados homens quanto mulheres, de origem socioeconômica mais baixa, o significado do trabalho era sobrevivência. Enquanto para as mulheres de nível socioeconômico alto, o significado era independência e autorrealização, para os homens desse extrato social, era manutenção do poder conquistado.

Segundo o estudo, na administração de negócios, as mulheres que se sobressaíam tinham visibilidade na mídia escrita e em pesquisas e, ao analisar reportagens em revistas e jornais, foi possível averiguar que muitas delas atuavam em áreas consideradas femininas (cosméticos, alimentação, roupas infantis e moda, por exemplo) e muitas eram empreendedoras, não precisando competir diretamente com homens por certos cargos nas organizações.

Havia uma valorização de certo modo feminino de lidar com conflitos, ao mesmo tempo que havia dúvidas sobre a colocação de mulheres em cargos estratégicos.

O bom desempenho das mulheres nas organizações dependia, dentre outras coisas, do redimensionamento dos papéis tipicamente femininos e da cultura das organizações, pois existiam restrições relacionadas a dificuldades da mobilidade geográfica devido à dupla jornada de trabalho com rotinas domésticas e familiares. As participantes da pesquisa disseram agir conforme padrões masculinos de conduta, mesmo afirmando que não tinham medo de perder a feminilidade.

Um ponto de reflexão que os resultados trazem é que o sucesso era considerado uma exigência social apenas para os homens, pois, caso uma mulher retornasse ao trabalho de cuidado e doméstico não remunerado, haveria respaldo social, enquanto caso um homem saísse do mercado de trabalho e assumisse o trabalho no âmbito familiar, ele não teria tanto suporte social. Quando as mulheres obtêm sucesso profissional, enquanto o parceiro não, em alguns casos, há uma intolerância em relação ao desenvolvimento profissional da companheira, levando ao rompimento do relacionamento.

Elas também constataram que havia um número crescente de mulheres de meia idade ocupando cargos altos. Mulheres jovens em postos de comando reproduziam estereótipos, por exemplo, quando uma entrevistada disse evitar trabalhar com outras mulheres, pois eram fofoqueiras e infantis. Ou ainda, quando acreditavam que a preocupação com a aparência era mais importante para as mulheres do que para os homens.

As mulheres recebem mensagens contraditórias de um mercado de trabalho patriarcal em uma sociedade patriarcal. Alguns dizem que mulheres que se maquiam e investem na aparência pessoal recebem mais, sendo que esse tipo de investimento teria maior impacto no rendimento de mulheres do que de homens; ou seja, homens não precisam investir tanto em aparência para receberem mais.

Aqui temos mais um mecanismo de controle em relação ao comportamento das mulheres, práticas disciplinares que pretendem subjugá-las por meio de normas sociais que as levam a aderir com mais ou menos intensidade a certos tipos de subjetividade e modos comportamentais.[104]

Na década de 1980, as mulheres começaram a ocupar melhores oportunidades de trabalho, acessando profissões de nível superior, como as mulheres executivas em organizações. No Brasil, elas recebiam menos do que os homens nas mesmas posições nessa época, algo que permanece como prática nas organizações.

Mas isso tende a mudar com a promoção da igualdade de gênero, com práticas não sexistas e com a Lei nº 14.611[105] de 3 de julho de 2023, que dispõe sobre a igualdade salarial e de critérios remuneratórios entre mulheres e homens para a realização de trabalho de igual valor ou no exercício da mesma função.

Vejamos alguns resultados de uma investigação sobre o trabalho das mulheres executivas no Brasil, no final do século XX.[106]

Elas tinham mais idade (se comparadas com as que trabalhavam em organizações em outras décadas), eram casadas e tinham filhos, mas continuavam como as principais responsáveis pelas atividades domésticas e de cuidados na família.

No estudo citado, dados até o ano 2000 apontam que cerca de 60% dos diretores ganhavam mais de quinze salários mínimos mensais, porém as mulheres diretoras nessa condição eram poucas. Ou seja, o nível de rendimento deles era mais elevado do que o delas, como ocorria no mercado de trabalho em geral, e esses cargos de chefia se concentram em áreas tradicionalmente consideradas femininas, como a social, a cultural e a da saúde.

Mesmo com mais idade do que em outras décadas, elas eram mais jovens do que os diretores, estavam há menos tempo do que eles na diretoria, tinham ensino superior e trabalhavam em empresas de maior porte, recebendo menores salários do que diretores homens. Apesar disso, a maioria das mulheres participantes do estudo não acreditava em preconceitos de gênero em relação à disparidade salarial e a dificuldade de promoção na carreira.

Ao mesmo tempo em que algumas compreendiam que a cultura corporativa pode influenciar o acesso das mulheres a cargos importantes, tendo em vista que tinham desvantagens em relação a maior carga de trabalho, que seria cuidar de filhos e da casa — desvantagens que impedem sua dedicação ao trabalho. Concomitantemente, acreditavam que com competência conseguiriam um equilíbrio entre trabalho e família.

Elas percebiam a cultura machista nas organizações, acreditando que a discriminação existia, mas não de modo explícito, principalmente nos casos de gravidez (quatro meses de licença-maternidade, menor disponibilidade para viagens, dificuldades previstas com os filhos pequenos).

Exigências como participação em eventos, cursos, viagens e ter disponibilidade de 24 horas para as atividades da organização eram difíceis de conciliar e implicaria em menor convívio com os filhos.

Segundo uma pesquisa sobre a história da participação feminina no mercado de trabalho[107] (a autora ganhou o prêmio Nobel de economia em 2023 devido a suas pesquisas), o trabalho é algo ganancioso, pois exige tempo dos trabalhadores, e quanto mais tempo se dedicarem, mais serão recompensados. Sendo assim, as organizações pagariam mais aos trabalhadores que têm mais disponibilidade e capacidade de trabalhar por longos períodos.

Porém, o tempo ganha outra dimensão quando lidamos com filhos pequenos e outro tipo de pressão em relação aos trabalhadores, por exemplo, quando recebem ligações da escola sobre questões de saúde ou acidente.

E, em relação à disponibilidade, as mulheres ainda são mais responsabilizadas socialmente do que os homens no que se refere ao cuidado de seus filhos e filhas. Além disso, talvez algumas mulheres percebam que trabalhar menos horas em organizações ou para organizações em *home-office* seja mais saudável, traga mais tempo de dedicação a outros setores da vida, inclusive à família e aos filhos.

Assim, não podemos partir do pressuposto de que todas as mulheres querem dedicar mais tempo ao trabalho, ainda que muitas o queiram.

Em outro contexto, percebemos problemas semelhantes. Um cargo de alta gerência é algo quase inatingível para a maioria das mulheres trabalhadoras polonesas[108] porque elas precisam, ao mesmo tempo, cuidar da casa, e um emprego comum, mesmo que requeira uma formação no ensino superior, pode ser conciliado com o desempenho das tarefas domésticas. Mas, quando se trata de cargos gerenciais, isso significa que elas terão uma jornada de trabalho irregular e uma subordinação de outros aspectos da vida ao trabalho. Outro agravante é a existência de serviços, creches e instituições educacionais subdesenvolvidas.

No Brasil, somente 24% dos cargos de diretoria eram ocupados por mulheres em 2000. Como estaríamos mais recentemente? Uma pesquisa[109] aponta que as mulheres ocupam um terço dos cargos de liderança em empresas no mundo e sua participação em cargos altos de gestão subiu de 33% em 2016 para 37% em 2022.

O Brasil saiu da 94ª posição em 2022 para a 57ª posição no ranking mundial. Se as mulheres estão sub-representadas nas áreas de infraestrutura, energia e tecnologia, por outro lado elas ocupam quase a metade desses cargos em áreas como educação, serviços de cuidados pessoais e bem-estar e cargos ligados ao terceiro setor.

Mesmo que as mulheres estejam ocupando mais cargos altos ultimamente, elas permanecem em áreas historicamente consideradas mais femininas, configurando uma segmentação horizontal. Além disso, a pesquisa também demonstra que não ocorreu um aumento expressivo da presença de mulheres em cargos de gestão na última década.

Entre 2019 e 2022, as mulheres passaram de 13% a 17% dos presidentes de empresas e a sua participação em cargos de gerência passou de 37,8% para 39,6%, mas nos últimos anos não houve melhorias expressivas. Apesar de incentivos e formulações de políticas públicas, esse crescimento permanece lento, confirmando a continuidade da sub-representação feminina nesses cargos.

Um estudo da *International Labor Organization*[110] com 13 mil empresas em setenta países mostrou que a presença de mulheres em cargos de liderança aumenta os resultados financeiros das organizações, assim como o aumento da diversidade no quadro de empregados traz melhorias na criatividade e inovação.

Os resultados também apontam que no Brasil, a diferença entre o número de mulheres ocupando cargos de liderança regulares e seniores é de 5%, indicando que haveria perspectivas de promoção para cargos do nível sênior para elas.

No entanto, de acordo com um relatório global sobre a disparidade de gênero do World Economic Forum[111], em 2021 o Brasil levaria 136 anos para atingir a paridade entre homens e mulheres, enquanto em 2022 seriam 132 anos. É um processo lento.

Segundo pesquisa da The Reykjavik Index Leadership,[112] mais da metade dos brasileiros se sentiria desconfortável em ter uma mulher à frente do governo. Além disso, 59% não se mostrariam à vontade com mulheres ocupando o cargo de CEO, enquanto apenas 41% declarariam estar muito confortáveis com essa possibilidade.

A pesquisa também mostra que o Brasil apresenta a maior diferença entre a percepção de homens e mulheres sobre ter uma mulher como presidente do país, por exemplo. Mais da metade das mulheres entrevistadas se sentem muito confortáveis, enquanto nos homens esse número é de apenas 34%.

Ainda assim, outra pesquisa[113] aponta que a presença de mulheres em conselhos pode melhorar a governança corporativa, levando a um processo decisório mais assertivo, verificando que elas não têm receio em demonstrar que precisam de mais informações para poderem decidir sobre determinados assuntos, o que traz um nível de profundidade às discussões e à tomada de decisão.

Mesmo com sua presença aumentando vagarosamente, elas estão contribuindo cada vez mais para o mundo organizacional.

BARREIRAS

As mulheres sempre enfrentaram barreiras no campo do trabalho. Independentemente de sua classe social, elas sempre sofreram em relação à disparidade salarial, desqualificações intelectuais e até assédio sexual.[114]

ESTEREÓTIPOS DE GÊNERO

Se com poucos anos[115] de idade meninas podem aprender que talvez não sejam tão inteligentes quanto os meninos, apenas por serem mulheres, o que leva a uma limitação da percepção que têm de si mesmas e de suas potencialidades, começando a evitar atividades intelectuais e desafiadoras, podemos dizer que estereótipos de gênero podem causar limitações nas vidas das mulheres desde cedo.

Quando uma menina aprende que deve ser dócil e submissa a um menino ou a um grupo de meninos, estereótipos de gênero estão sendo reforçados, de modo a produzirem comportamentos que podem levar a situações discriminatórias e preconceituosas. Estamos falando de infâncias de meninas marcadas pela construção da falta de confiança em si mesmas, num processo silencioso que pode levar a uma lacuna ou defasagem em seus sonhos em relação aos sonhos dos meninos, o chamado *dream gap*. Portanto, bem mais cedo do que se pensava, esse tipo de lacuna começa a ser produzida e reforçada.

Modelos comportamentais vistos como masculinos ou femininos ajudam a reforçar os estereótipos de gênero nas organizações. Mesmo com um questionamento crescente sobre tais modelos e estereótipos na década de 1980, eles embasaram estratégias usadas na gestão dos relacionamentos entre mulheres e homens.[116]

Os estereótipos masculinos e femininos tradicionais simplesmente contrapõem características usadas para diferenciar homens e mulheres. Enquanto os homens tenderiam a ser mais lógicos, racionais, dinâmicos, empreendedores, estratégicos, independentes, competitivos e líderes tomadores de decisões, as mulheres tenderiam a ser mais intuitivas, emocionais, submissas, empáticas, espontâneas, maternais, cooperadoras, ofereceriam apoio e seriam seguidoras leais.

O estereótipo masculino estaria embasado em valores que dominariam as organizações, tendo em vista que as mulheres são encorajadas a serem analíticas, estratégicas para tomar decisão e agressivas, assim como supostamente seriam os homens.

Algumas das estratégias masculinas utilizadas na gestão de relacionamentos com mulheres são:

a) Pai: o objetivo é ganhar o apoio de mulheres mais jovens que buscam um mentor.

b) Guerreiro: executivos muito ocupados envolvidos em situações complicadas; com frequência atrelam mulheres a papéis de apoiadoras devotadas.
c) Machão: comportamentos exibicionistas que buscam atrair e convencer mulheres de proezas na organização e buscam desenvolver a sua admiração e apoio em posição inferior ou colateral.
d) Menininho: comportamentos infantis (da braveza até parecer engraçadinho) no intuito de conseguir favores, geralmente com mulheres ou subordinados de modo a fazer aquilo que quer em situações difíceis.
e) Porco chauvinista: busca minar a posição das mulheres e suas contribuições, realizando rituais de degradação, pois se sente ameaçado por sua presença.
f) Amigo sincero: busca conseguir uma forma de parceria com colegas mulheres, como confidentes ou fontes de informação.
g) Sedutor: visa conseguir o apoio de mulheres por meio da sedução sexual real ou imaginária.
h) Henrique VIII: procura obter o que quer atraindo e descartando o apoio de mulheres de acordo com a sua conveniência por meio de um poder absoluto.

Algumas das estratégias femininas utilizadas na gestão de relacionamentos com homens são:
a) Mãe: consolida o seu poder sendo maternal.
b) Amazona: líder que constrói forte coalizão, colocando mulheres em posições de influência.

c) Mulher liberada: golpeia quando é golpeada, fala abertamente e sempre defende o papel feminino.
d) Filha: encontra uma figura paterna pronta para agir como seu orientador e mentor.
e) Joana d'Arc: usa o poder de uma causa ou missão para transcender o fato de ser mulher, sendo apoiada pelos homens.
f) Mulher invisível: com perfil inexpressivo, tenta se misturar com pessoas próximas, buscando influenciar de diferentes maneiras.
g) Dalila: visa colocar homens ao seu lado, numa organização dominada por eles, por meio da sedução.
h) Rainha Elizabeth I: reina com mãos firmes, tendo sempre que possível homens dóceis ao seu redor.

Essas estratégias estão ancoradas em estereótipos tradicionais do que seriam os comportamentos masculinos e femininos na sociedade e nas organizações, reforçando-os. Algumas podem ser usadas em conjunto ou sobrepostas a outra, além de também serem assemelhadas a comportamentos que podem levar ao assédio moral e até sexual.

Importante considerar que ao usar comportamentos de estereótipos masculinos em cargos de gestão, as mulheres podem sofrer retaliações por não serem femininas o suficiente. Acredita-se, muitas vezes, que as mulheres que conseguem alcançar cargos mais elevados renunciariam a suas identidades em prol de identidades reconhecidas socialmente como masculinas.

Ora, aqui estamos lidando com modelos comportamentais femininos e modelos comportamentais masculinos, ou seja, padrões sociais de comportamento. Quem disse que todos os homens que estão em cargos altos nas organizações agem do mesmo modo? Todos eles, ou, pelo menos, a maioria deles seria menos comunicativa do que seriam as mulheres? Todos eles seriam mais formais em seu estilo de vestimenta? Todos eles falariam com tons de voz mais graves para tentar impor sua visão sobre algum assunto?

Quando se fala em masculinização das mulheres nas organizações, estamos falando de qual modelo de homem? De qual modelo elas deveriam se aproximar? Haveria um *modus operandi* daqueles que estão em cargos altos? A convivência não levaria mulheres a aprenderem alguns comportamentos com homens e homens a aprenderem alguns comportamentos com mulheres?

Não haveria mulheres que desde a infância ou adolescência desenvolveriam comportamentos ditos masculinos justamente para sobreviverem ou se sentirem mais seguras perante tantos ataques (físicos ou emocionais)? Do mesmo modo, não haveria homens que teriam desenvolvido comportamentos ditos como mais femininos devido a suas trajetórias pessoais?

Além de receberem retaliações por assumirem tais comportamentos, as mulheres também podem ser vistas como tão fortes que não precisam de apoio, nem nas organizações, nem em suas relações pessoais. Uma contradição. Mulheres seriam fracas para assumirem cargos com exercício de poder, mas caso se tornem fortes o suficiente para isso, então, não precisariam de apoio.

Que tal desconstruirmos esses modelos tão arcaicos do que seriam comportamentos femininos e masculinos? Mesmo que ainda existam comportamentos dito masculinos que, por vezes, são estimulados e enaltecidos no mercado de trabalho para tais posições. Até porque em outros casos são os comportamentos ditos femininos, ou seja, aqueles relacionados ao que seriam modelos femininos comportamentais que começam a ser enaltecidos.

Então, podemos considerar que o estilo de gestão de um setor do mercado ou o estilo de gestão de uma organização é que acabam influenciando e estimulando pessoas a se comportarem de determinadas maneiras mais do que outras, e que cada pessoa forjará seu estilo ao longo da sua trajetória, num processo que envolve muita aprendizagem e mudanças.

E, para além da ideia de renúncia identitária, pode-se pensar em uma produção de subjetividade que leva a adaptações, simulações, e por que não, mimetismos que podem ser momentâneos ou mais permanentes de acordo com as situações e a trajetória profissional.

Trata-se, portanto, de mais de uma forma de atualização da dominação patriarcal que ocorre por meio de práticas disciplinares que visam subjugar as mulheres pela normalização, não lhes retirando o exercício de poder, mas estimulando determinados tipos de sujeitos.[117]

Sujeito aqui se refere a mulheres que podem ser submetidas com mais ou menos intensidade a normas de comportamento e exigências sociais, por meio da vigilância e dos controles.

Estereótipos de gênero demonstram aspectos culturais e de resistência às mudanças, atribuindo aos homens traços tradicionalmente relacionados ao campo do trabalho, como a independência, enquanto atribuem às mulheres traços associados a competências sociais, expressivas e relacionais.

Esses estereótipos moldam percepções, produzindo uma desvalorização da fala e do trabalho realizado pelas mulheres ao mesmo tempo em que valorizam a fala e o trabalho realizado por homens.[118]

Os estereótipos de gênero moldam nossas percepções e tais crenças ou preconceitos moldam nossa realidade. Por exemplo, se pesquisas apontam que os homens interrompem mais as mulheres ao falarem e que eles tendem a ignorar os temas levantados por elas, por que a ideia (preconcepção, preconceito) amplamente aceita é que são as mulheres que falariam muito mais do que os homens?[119]

Os estereótipos de gênero contribuem para a persistência de um sistema de desigualdade que prejudica as mulheres e beneficia os homens, tendendo a descrever a conversa das mulheres como uma fofoca trivial ou como uma chatice irritante, desvalorizando suas falas.

Assim, podemos atribuir às crenças de gênero, que aqui denominamos de preconceitos de gênero, o motivo pelo qual tais estereótipos permanecem tão arraigados socialmente. Além do mais, as mulheres vivenciam suas experiências de trabalho em meio a estereótipos, que podem operar como barreiras no campo profissional.

Preconceitos relacionados à idade e ao processo de envelhecimento também não atingem da mesma maneira a homens e mulheres no campo do trabalho. Esse tipo de discriminação tem a ver com modos de tratamento diferentes, devido à idade, em relação a processos seletivos, promoções e demissões.

As mulheres são vistas como menos cordiais conforme envelhecem, o que não ocorre em relação aos homens. Aqui as expectativas em relação ao gênero e os estereótipos de gênero atuam fortemente, pois muitas pessoas esperam que as mulheres sejam mais acolhedoras em sua forma de comunicar, o que é um equívoco.

Além disso, aspectos relacionados à imagem também são afetados de forma desigual. Enquanto um homem de cabelos grisalhos muitas vezes é considerado charmoso e sábio, as mulheres são malvistas por não se cuidar. Na ótica machista, pintar o cabelo é opção ou obrigação? E pior, seria uma obrigação apenas para as mulheres? Por quê?

O envelhecimento da mulher pode ser um problema nas organizações pois, com o passar do tempo, elas adquirem mais poder. Acreditar no mito de que a beleza[120] é tão importante quanto querem que se acredite pode levar as mulheres mais velhas a temerem as mais jovens, pode fazer com que a identidade delas seja baseada em sua beleza, tornando-as vulneráveis à aprovação das pessoas, além de prejudicar sua autoestima, num processo contínuo de comparação.

As mulheres ainda ganham menos do que os homens, ao mesmo tempo em que toda uma conjuntura social as leva a acreditar que precisam gastar mais investindo em cuidados com a sua aparência. Assim, têm menos condições financeiras do que homens que ganham mais e não são induzidos a gastarem tanto consigo em termos de aparência.

Elas também têm menos tempo ocioso, menos poupança ou investimento financeiro, menos condições para se dedicar a outros aspectos da vida pessoal e profissional, pois cuidar da aparência não significa apenas um investimento financeiro, significa investimento de tempo e dedicação, sem contar a carga mental envolvida nesses processos.

Um estudo[121] das Nações Unidas diz que cerca de 90% da população mundial tem pelo menos algum tipo de preconceito sobre as mulheres. Estamos falando de preconceito de gênero. Por exemplo, considerar que seja sorte quando uma mulher alcança um resultado positivo em seu trabalho ou quando obtém uma promoção em sua carreira, enquanto considerar que seja mérito por suas habilidades e conhecimentos quando um homem tem sucesso profissional, é preconceito de gênero.

Os resultados são assustadores. Para 25% dos entrevistados (homens e mulheres) seria justificável um homem agredir sua companheira; para 28%, a Universidade é mais importante para homens do que para mulheres; e para 43%, homens são melhores executivos de negócios do que as mulheres.

Esses resultados demonstram o quanto certos preconceitos e estereótipos de gênero persistem na sociedade, fazendo com que muitas mulheres também acreditem e reproduzam essas ideias. Além da maioria das mulheres ter sido impedida de chegar e permanecer em cargos de comando por muito tempo, ou seja, foram excluídas de processos decisórios, estudos[122] sobre empreendedorismo e gênero apontam que as mulheres são consideradas diferentes, mais fracas e com dificuldades para atingir o *status* atribuído ao empresário padrão.

Não seriam justamente essas construções sociais de preconceitos e estereótipos de gênero que levam à valorização de homens em detrimento das mulheres? Quem se beneficia com isso?

Com um olhar atento sobre como a inclusão feminina[123] vem ocorrendo nas organizações, é possível perceber que persistem noções essencialistas de que as mulheres agregam qualidades e características diferentes para o ambiente organizacional, o que pode promover um enquadramento comportamental, ou seja, outro modo de exclusão caso elas não demonstrem tais diferenciais profissionais. Com isso, a inclusão de gênero em cargos de liderança e nas organizações depende, dentre outros aspectos, das condições nas quais a inclusão ocorre.

METÁFORAS

Para além dos estereótipos de gênero, existem muitos outros tipos de barreiras enfrentadas pelas mulheres em relação ao trabalho, sendo alguns deles conhecidos por meio de metáforas.

Existem muitas delas;[124] no entanto, aqui falaremos apenas das mais emblemáticas: piso pegajoso, parede da maternidade, labirinto de vidro, degrau quebrado, teto de vidro e abelha rainha.

A ordem em que aparecem aqui tem a ver com a segregação vertical, pois vão do início da carreira até altos cargos nas organizações, ainda que não exista um padrão e existam múltiplas formas de trajetória profissional.

PISO PEGAJOSO

Essa metáfora evidencia a segregação horizontal das mulheres no campo do trabalho, de modo que a elas caibam atividades ligadas ao trabalho de cuidado, que engloba o trabalho doméstico, inclusive o não remunerado. Mais do que isso, o piso pegajoso as mantém fixadas na base da hierarquia nas organizações ou em trabalhos autônomos precários.

O piso pegajoso[125] vem mostrar que as mulheres estão sobrerrepresentadas em atividades de trabalho com baixa remuneração e a pouca possibilidade de ascensão profissional, em áreas de atuação ainda percebidas como femininas: secretárias, professoras de educação infantil, enfermeiras, cuidadoras.

Aqui lembramos o aspecto racial, pois muitas mulheres negras encontram-se justamente nessa situação, com os menores salários e os trabalhos menos valorizados na sociedade.

PAREDE DA MATERNIDADE

Enquanto algumas mulheres ficam estagnadas pelo teto de vidro, outras que se tornam mães nem chegam perto dele. Estamos falando da barreira conhecida como parede materna ou parede da maternidade.

Há várias discriminações relacionadas à essa metáfora, que procura explicar que muitas mulheres esbarram numa espécie de parede[126] só por serem potenciais mães.

Elas podem ser discriminadas em seus locais de trabalho devido às gestações passadas, presentes ou futuras tendo em vista que gozaram uma ou mais licenças-maternidade. Elas podem vir a sofrer discriminação quando buscam adotar horários parciais ou jornadas mais flexíveis de trabalho.

Quando um homem participa de um processo seletivo, ele não é questionado se pretende se tornar pai ou se pretende se casar. Mulheres passam por esse tipo de situação. Ocorre aqui uma estereotipagem das mulheres como futuras cuidadoras, o que pode prejudicar a sua contratação e, no futuro, a sua promoção.

Não havendo ainda um amplo e disseminado entendimento na sociedade de que tanto as mulheres quanto os homens têm capacidade de aprender a cuidar de suas próprias crianças, de acompanhá-las em consultas e procedimentos médicos, os empregadores partem equivocadamente do pressuposto de que somente as mulheres se afastarão de suas rotinas de trabalho para cuidarem de filhos e filhas que venham a adoecer. Isso ajuda a pensarmos em respostas para os questionamentos: por que só caberia às mulheres esse trabalho de cuidado? Por que muitas mulheres são demitidas no retorno da licença-maternidade? Por que muitas mulheres têm medo de, após quatro meses (em alguns casos são seis meses), retornarem e perderem seus empregos?

Cabe às organizações contribuir para a disseminação da importância da corresponsabilidade nas rotinas do trabalho de cuidado e do trabalho doméstico nas famílias.

DEGRAU QUEBRADO

Em pesquisa[127] com grandes empresas sobre a situação das mulheres no mundo corporativo estadunidense, o maior obstáculo que as mulheres enfrentam no caminho para a liderança sênior foi o degrau quebrado. Os resultados apontam para o fato de que ele antecede outra barreira, bem mais conhecida, que é o teto de vidro.

Nas grandes empresas que fizeram parte do estudo, pelo nono ano consecutivo, as mulheres enfrentam o maior obstáculo no primeiro momento de tentativa de ascensão à gerente.

A cada ano, mais homens do que mulheres são promovidos do nível inicial para outros cargos de gestão e, como resultado deste degrau quebrado, as mulheres ficam para trás e não conseguem alcançá-los.

Essa metáfora procura mostrar que quando as mulheres estão tentando sair da base da hierarquia organizacional, dirigindo-se para outros níveis, algumas dificuldades ocorrem, como algum degrau difícil de transpor ou mesmo um degrau que quebra ao ser pisado, o que leva a uma estagnação, a um retrocesso ou, ainda, a um maior esforço para ultrapassar essas dificuldades.

Apesar das empresas ampliarem a representação das mulheres no topo das organizações, enquanto não solucionarem essa barreira, isso será apenas um paliativo, pois devido à disparidade de gênero nas primeiras promoções, os homens acabam por ocupar cerca de 60% dos cargos de gestão em uma empresa típica, enquanto as mulheres ocupam cerca de 40%.

Em organizações nas quais os homens superam significativamente a quantidade de mulheres, há ainda menos mulheres para serem promovidas e assim, o número de mulheres diminui em todos os níveis subsequentes. Até que o degrau quebrado seja corrigido, a paridade de gênero em cargos altos não será alcançada.

LABIRINTO

Conhecida como labirinto organizacional, labirinto de cristal ou labirinto da liderança, essa barreira aponta que as dificuldades não estão em níveis e cargos específicos, demonstrando que a trajetória das mulheres nas organizações tende a ser bem menos direta, menos linear em termos de ascensão profissional do que a trajetória dos homens.

Há estudo[128] que defenda que a barreira teto de vidro foi superada pelo labirinto organizacional, tendo em vista que muitas mulheres já conseguem alcançar cargos mais altos, questionando se a metáfora do teto de vidro ainda deveria ser usada, dado que seria uma barreira difícil de transpor, mas que muitas mulheres estão conseguindo ultrapassá-la.

No entanto, aqui argumentamos que o teto de vidro está longe de ser superado, pois a quantidade de mulheres em cargos de gestão e especificamente em cargos do topo ainda é reduzida. Todavia, a metáfora do labirinto é importante porque ajuda a compreender que existem múltiplas barreiras nas trajetórias femininas, em um processo de sobreposição entre elas.

O labirinto organizacional também demonstra que as trajetórias profissionais podem ter caminhos tortuosos, com momentos de estagnação e até retrocessos.

TETO DE VIDRO

No Brasil, as mulheres ainda sofrem discriminação no acesso a cargos de chefia. Um estudo[129] analisou a existência do teto de vidro para a promoção de mulheres ao cargo de CEO no Brasil a partir dos dados de 370 empresas, e chegou à conclusão de que as mulheres vivenciam um processo de ascensão mais restrito a esse tipo de cargo. Principalmente se a organização em que trabalham tem um Conselho de Administração constituído, em sua maioria, por homens — algo que ainda é recorrente.

A escolha do diretor executivo pelo Conselho refletiria a experiência e a capacidade do indivíduo, assim como certa similaridade com o perfil do Conselho que o indicou, de modo que conselhos majoritariamente masculinos significam uma redução das chances de seleção de uma mulher executiva.

Considerando que o processo de promoção interno possui critérios que, em sua maioria, não são publicizados ou informados nem para os funcionários, isso pode representar uma barreira invisível na progressão na carreira.

Além disso, como uma mulher pode ser promovida se não é possível demonstrar o que pode realizar ou mesmo o seu potencial de aprendizagem em certos lugares organizacionais? Como aprender a lidar com determinadas situações e recursos se não tiver a oportunidade de experienciar isso?

Outros aspectos contribuem para que mulheres não sejam indicadas para os Conselhos de Administração, pois de acordo com as análises sobre a divulgação de anúncios sobre substituição de CEOs, quando mulheres eram contratadas havia impacto negativo se comparado com anúncios de contratação de homens para o cargo.

Ao mesmo tempo, os anúncios de mulheres CEOs enfatizavam o gênero das profissionais e a necessidade de representatividade de gênero na empresa, e não suas qualificações e capacidades profissionais para terem sido selecionadas. Já nos anúncios de homens CEOs não havia ênfase no gênero.

Além disso, os reflexos no valor das ações para organizações que anunciam mulheres CEOs são mais negativos do que para aquelas que anunciam homens.[130]

Ora, se os anúncios de homens para o cargo não enfatizavam o gênero é justamente porque eles são o padrão, a norma social, e isso não precisa ser mencionado. Inclusive, já é esperado que seja um homem.

Quando os anúncios enfatizam o gênero e argumentam que existe a necessidade de representatividade de mulheres em Conselhos de Administração — e existe mesmo —, talvez seja porque as organizações sabem que isso ainda não é aceito socialmente. Ainda está distante a plena aceitação de que mulheres assumam tais cargos.

Será que um dia veremos num anúncio uma organização ter que explicar que um CEO homem foi selecionado por uma questão de representatividade, por uma necessidade de igualdade de gênero no mundo corporativo?

Outra metáfora foi cunhada a partir da metáfora do teto de vidro: a metáfora do penhasco ou abismo de vidro. Ela relaciona a redução no valor das ações de empresas devido ao fato destas serem geridas por mulheres.

Contudo, essas empresas já estariam com problemas quando contratam mulheres para a sua gestão, justamente no intuito de que elas lhes salvem de um suposto penhasco. Ocorre que quando essas mulheres não conseguem evitar a queda das organizações, elas passam a ser estigmatizadas profissionalmente.

ABELHA RAINHA

Devido às tantas dificuldades e barreiras que a maioria das mulheres enfrenta durante sua trajetória profissional, algumas ficando coladas à base, outras fazendo caminhos tortuosos e lentos, algumas delas podem adotar certos comportamentos ao ocuparem cargos altos nas organizações.

Esses comportamentos são chamados de Abelha Rainha e se tornam uma barreira para outras mulheres que também pretendem ascender profissionalmente. Essas mulheres estariam preocupadas apenas com o seu próprio sucesso, em detrimento do sucesso de outras.

Esse tipo de barreira ocorreria quando as mulheres estão em ambientes organizacionais nos quais os cargos de gestão são, em sua maioria, ocupados por homens, quando não estão fortemente identificadas com questões de gênero, quando se sentem ameaçadas por outras mulheres e quando compreendem que fizeram sacrifícios pessoais para alcançar o sucesso profissional.

Seu comportamento é o estereótipo do homem bem-sucedido e que não acredita que a maioria das mulheres possa obter sucesso nas organizações. Sendo competitiva, acaba se distanciando de outras mulheres e reforçando preconceitos e estereótipos de gênero.[131]

Em barreiras como o piso pegajoso, labirinto organizacional e teto de vidro, os homens são os protagonistas nas dificuldades que as mulheres enfrentam nas organizações. Entretanto, na barreira da Abelha Rainha, as mulheres são as próprias protagonistas nas dificuldades enfrentadas por outras mulheres. Em ambos os casos, são construções sociais reproduzidas e reforçadas por homens e mulheres que conseguiram chegar a cargos de comando e poder.

Retomando as barreiras vistas aqui: algumas daquelas mulheres que, com sacrifícios e esforços (incluindo-se aqui a responsabilidade pelo trabalho de cuidado em suas famílias), conseguiram se desvencilhar de um piso pegajoso, que puderam se desvencilhar da parede da maternidade, que escaparam do labirinto, que passaram pelo degrau quebrado e depois de um tempo pelo teto de vidro, podem reproduzir alguns comportamentos que perpetuam as desigualdades de gênero nas organizações, inclusive não apoiando outras mulheres.

Em relação a todas as barreiras, até mesmo à Abelha Rainha, as mulheres podem passar por retaliações tanto por parte de seus gestores quanto de seus subordinados e pares, incluindo-se aí outras mulheres.

Sentem-se mais seguras sem outras concorrentes, pois muitas cresceram ouvindo invenções de que as mulheres não são amigas umas das outras, que competem entre si, enquanto os homens seriam praticamente uma fraternidade.

Esses discursos servem a quem? É justamente esse tipo de ideia, esse tipo de construção social, que contribui para que homens permaneçam acessando cargos de exercício de poder e mantenham as mulheres afastadas de decisões que atingem a todas nós e a toda a sociedade.

SÍNDROMES

Para além das metáforas, existem algumas síndromes que prejudicam as mulheres em suas vidas e trajetórias profissionais: a síndrome da papoula mais alta e a síndrome da impostora.

SÍNDROME DA PAPOULA MAIS ALTA

A papoula alta, uma expressão utilizada na Austrália e Nova Zelândia, refere-se a indivíduos que possuem qualidades admiráveis.

Estudos desde o final da década de 1980 apontam que, de acordo com a síndrome da papoula alta, as pessoas que interagem com papoulas altas geralmente demonstram tendência a atacar, humilhar ou a tentarem reduzir a papoula alta a um nível corriqueiro.

Ocorre que tal síndrome passou a ser detectada mais fortemente em mulheres que, de algum modo, são destaque em seus grupos, inclusive no ambiente de trabalho.

Uma investigação[132] analisando milhares de mulheres trabalhadoras oriundas de diferentes grupos demográficos e profissões estudou 4.710 mulheres em 103 países com o intuito de verificar como a sua saúde mental, bem-estar e desempenho são afetados pelas interações com os seus clientes, colegas e líderes em torno de seu sucesso e realizações.

Quanto mais realizada ela for, maior será a probabilidade de enfrentar agressões, não apenas de quem ocupa cargos de chefia, mas também de seus pares.

SÍNDROME DA IMPOSTORA

Algo que não chega a ser considerado como uma barreira, mas que certamente prejudica as mulheres é a síndrome da impostora.

Essa síndrome[133] está relacionada com a dificuldade persistente de acreditar que o seu sucesso é merecido ou alcançado com trabalho duro, habilidades e capacidades. Elas podem acreditar que o êxito ocorreria por sorte ou acaso. Uma crença que pode ser acompanhada por sentimentos de dúvida, medo do sucesso, medo do fracasso e da autossabotagem.

Essa crença pode vir de experiências pessoais, familiares e sociais, estereótipos e rótulos, cultura corporativa e relações de trabalho. Uma pesquisa na qual a síndrome foi detectada nas mulheres indicou que até 75% das executivas relataram ter experimentado a síndrome em certos momentos de sua carreira, enquanto 74% delas acreditam que seus colegas homens não sentem tantas dúvidas sobre si mesmos quanto as mulheres.

Será mesmo que os homens têm tantas certezas sobre si mesmos? Será que também não estamos contribuindo para estereótipos de masculinidades homogêneas, sem espaço para nuances e mudanças? Será que não seria apenas uma estratégia de sobrevivência, algo apenas aparente?

De qualquer modo, mulheres e homens precisam ser mais compreendidos em suas complexidades para que as organizações e a sociedade sejam, de fato, mais igualitárias e equitativas.

ELAS NA TEORIA ORGANIZACIONAL

Teoria, do grego *theoría*, é um conjunto de princípios fundamentais de uma arte ou ciência, e organização (*organon*) é uma ferramenta ou instrumento, ou seja, um dispositivo que facilita a consecução das atividades orientadas para um fim particular, também podendo ser compreendida como processos sociais, espaço de ações sociais, de gestão.

Outro significado importante seria o de negócio, entendido como uma transação. A negação do ócio (*nec otium*)[134] passou a ser associada à dedicação a atividades como comércio, exército e atividades no Estado, ou seja, negócio, fazendo com que as pessoas buscassem nos momentos de ócio o cessar daquelas atividades.

Estar livre da necessidade de trabalhar, ocupar-se consigo, era uma condição de privilégio. Nessa época, na Grécia, isso era um preceito de vida valorizado, uma regra coextensiva à vida, um princípio geral. Era um tipo de exigência que deveria acompanhar toda a existência, encontrando seu centro de gravidade na idade adulta. Era uma espécie de regra praticável por todos, sem nenhuma finalidade técnica ou profissional.

Mas apesar de ser dirigida a todos, somente algumas pessoas conseguiam acessá-la; pessoas que pertenciam a certos grupos ou que praticavam o *otium*, a *skholé*, o que significava uma segregação econômica e social.

Eram os homens livres e da elite que podiam praticar essas atividades e adquirir conhecimentos. A maioria das pessoas, inclusive as mulheres, estava fora desses grupos. E no que se refere a cargos altos nas organizações e nos negócios, assim como na própria teoria organizacional, as mulheres ainda estão sub-representadas.

Em sociedades marcadamente patriarcais, organizações que nelas operam também tendem a ser assim. Já foi dito[135] que as organizações têm uma concepção patriarcal, visto que elas têm sido historicamente dominadas por homens, em funções e comportamentos mais agressivos e diretos, enquanto as mulheres eram confinadas a papéis subordinados. A influência dominante do macho nas organizações teria raízes nas relações hierárquicas da família patriarcal, podendo produzir ideologias autoritárias.

No campo teórico-epistemológico também há uma influência dominante patriarcal.

Contudo, para pensarmos uma formação em gestão e administração para além do cânone, daremos visibilidade, ao pensamento de algumas mulheres das Ciências Sociais. Pensamento que poderia ser utilizado durante o processo formativo, para além do trio Durkhein, Marx e Weber: Harriet Martineau, Anna Julia Cooper e Marianne Weber.[136]

Harriet Martineau (1802-1876) pode ser considerada a fundadora das Ciências Sociais, inaugurando uma disciplina científica. Mais de cinco décadas antes de surgirem as primeiras revistas científicas, sociedades de sociologia e cursos universitários, ela pensou em um método científico para estudar o mundo social, demonstrando atenção aos aspectos de gênero, sendo a primeira escritora conhecida a elaborar uma metodologia para o estudo da vida social.

No primeiro livro, *Sociedade na América*, de 1837, foi realizada uma análise embasada em investigação empírica, enquanto o segundo, chamado *Como observar: morais e costumes*, de 1838, se tratava de um manual sobre o método da pesquisa social. Contemporânea de Comte, em 1850 ela fez uma versão para o inglês do Curso de Filosofia Positiva, condensando o original de seis para dois volumes.

A versão foi considerada excelente e Comte a publicou em francês — uma tradução da versão feita por Martineau — que é praticamente a única desde então publicada, e muitas vezes injustamente atribuída como uma tradução.

Na ciência da sociedade proposta pela estudiosa, o casamento, a educação das crianças e a infância, a relações entre os sexos, o trabalho doméstico e o status social e político das mulheres tinham tanta importância quanto o mercado, a indústria e as classes sociais.

Para ela, gênero e essas temáticas eram centrais na organização das experiências do mundo social, sendo uma pioneira das análises sociológicas com duas inovações: empregou uma abordagem sociológica à análise comparativa, buscando controlar o próprio viés cultural como pesquisadora, e se preocupou com os significados que as ações têm para as pessoas, entendendo o sistema de valores como um agente causal e analisando os seus efeitos sobre a estrutura e a mudança social.

Apesar de seu sucesso editorial na época, ela não ser considerada parte do cânone sociológico, resulta de seleções realizadas, durante o século XX, por homens desse campo científico. As questões de gênero em sua obra constituem parte integral da pesquisa sobre a sociedade, não constituindo um campo de estudos segregado, como a atual área de estudos de gênero.

Outra autora relevante, porém desconhecida na formação em gestão e administração, é Anna Julia Copper (1858-1964), mulher negra que formulou um conceito fundamental para o feminismo negro: a ideia de que os homens negros não representam a totalidade dos negros, nem as mulheres brancas representam a totalidade das mulheres, de modo que as mulheres negras não estão totalmente localizadas em nenhum dos dois grupos.

Cooper ficou viúva aos dezenove anos e conseguiu frequentar a universidade que até então era vetada a mulheres casadas, sendo uma das primeiras a conquistar um diploma de ensino superior nos Estados Unidos.

Ela foi uma opositora das desigualdades de gênero e conseguiu cursar matérias em sua formação universitária que até então eram direcionadas somente aos estudantes homens, numa combinação de formação clássica com matemática, literatura e linguagens, que lhe possibilitou tornar-se diretora de escola.

Seu livro mais famoso é *Uma voz do sul: de uma mulher negra do sul*, publicado em 1892. A obra tem como eixos principais questões de raça e gênero, sendo considerada visionária na defesa da diversidade na política e na cultura, apontando de modo precursor que a intersecção de raça e sexo torna a política mais complexa.

Ela advogava em favor da educação das mulheres, pois acreditava que seria algo que beneficiaria a própria sociedade. Segundo a autora, a perspectiva das mulheres poderia colaborar para moderar o individualismo e o utilitarismo que tenderiam a prevalecer em sociedades dominadas por homens.

Ainda poderíamos falar de outra autora, como Marianne Weber (1870-1954), que teve sua obra dirigida ao estudo da condição das mulheres na sociedade patriarcal.

Seu livro, *Esposa e mãe no desenvolvimento jurídico*, de 1907, representa um ataque ao patriarcado e uma defesa da igualdade no casamento. Ativista feminista, talvez Max Weber tenha tido sua obra tão disseminada graças aos esforços de organização e edição em livro realizados por Marianne que, quando reconhecida, muitas vezes recebe a mera alcunha de "a esposa de Weber".

É de se pensar sobre qual seriam os impactos dessa ampliação do cânone sociológico na formação em gestão e administração, tendo em vista que as autoras contribuem sobremaneira com temas tão contemporâneos e importantes para a sociedade.

Com o mesmo intuito, e ampliando uma pesquisa,[137] nos debruçamos sobre as primeiras experiências e teorias organizacionais com o objetivo de identificar mulheres pesquisadoras e seus estudos — utilizadas na formação de gestores no ensino superior.

O período analisado inclui autoras desde o início da Escola Clássica da Administração e do Movimento de Administração Científica até as últimas escolas de pensamento que compõem os conteúdos da Teoria Geral da Administração (TGA).

Ainda que não concordemos com tal nomenclatura, ou mesmo com a totalidade dos estudos selecionados para compô-la, a chamada TGA é o conhecimento basilar na formação de administradores e administradoras. Sendo composta por teorias formuladas durante o século XX, desde aqueles estudos publicados nas décadas iniciais do século XX até estudos realizados entre as décadas de 1950 e 1980.

As escolas de pensamento ou temas organizacionais considerados na coleta de dados foram a Administração Científica, a Escola Clássica, a Escola de Relações Humanas, as Teorias de Motivação e

Liderança, a Abordagem Sistêmica, a Teoria da Racionalidade Limitada e a Abordagem Contingencial.

O estudo verifica que desde as primeiras escolas do pensamento organizacional, as mulheres já se mostravam presentes, mesmo que durante o processo educacional de gestores e gestoras não haja visibilidade de seus estudos e de conhecimentos produzidos por elas. Unida à invisibilidade, há uma sub-representação, ou seja, poucas mulheres realizaram estudos em organizações e foram considerados basilares na formação em administração e gestão.

A investigação possibilitou a identificação de algumas mulheres e suas contribuições para a área de conhecimento organizacional. Contudo, ficou nítido que a maioria das autoras passa despercebida no processo formativo da maioria de gestores e gestoras.

Autoras consideradas clássicas que, de algum modo, seriam mais conhecidas são Lilian Gilbreth (1878-1972) e Mary Parker Follett (1868-1933). Em parceria com seu marido Frank Gilbreth, Lilian contribuiu para a construção da Administração Científica, influenciados por Taylor e Fayol. Ela era estadunidense de origem germânica, estudou na Universidade da Califórnia e teve sua tese de doutorado transformada no livro *The psychology of management* e publicado na revista *Industrial Engineering*, em 1914.

Lilian, em parceria com seu marido, estavam interessados nos estudos sobre os desperdícios originados em movimentos desnecessários ou mesmo ineficazes, ou seja, em estudos sobre a simplificação do trabalho, a partir da redução dos esforços para a sua execução, o que levaria ao aumento da produtividade.

Ela foi a primeira mulher a concluir um curso de doutorado em administração e estabeleceu melhorias no processo de comunicação em escritório, programas de incentivo e treinamento gerencial. Além disso, seu trabalho influenciou o governo a criar leis relacionadas a aspectos ergonômicos e de segurança no trabalho.

Mary Parker Follett nasceu na Nova Inglaterra e graduou-se no Radcliffe College em 1898. Parte significativa de sua carreira foi dedicada ao trabalho de assistente social. Porém, ela se interessava pelo funcionamento das organizações, especialmente pelo desempenho gerencial como impulsionador do desempenho organizacional, ainda que não tivesse trabalhado em uma indústria.

Ela foi uma assistente social que trabalhou em escolas e organizações sem fins lucrativos por cerca de 25 anos. Começou a escrever sobre gerenciamento, dar palestras e prestar consultorias nas áreas governamental e empresarial.

Mary Follett poderia ser classificada como uma autora clássica da Administração Científica, visto que suas contribuições datam da década de 1920. Porém, se formos classificá-la em relação ao conteúdo, Follett é uma precursora de alguns temas ainda discutidos em nossos dias, como participação e liderança.

Ela fez importantes observações sobre conflitos de interesses entre os padrões informais nos grupos de trabalhadores e as regras formais que controlavam a organização, pois não percebia os conflitos como algo ruim e sim como a existência de diferenças de opiniões e interesses. Um conflito, segundo ela, não seria algo a ser temido, mas a ser lidado como algo construtivo, em vez de destrutivo.

Diferente da Escola de Administração Científica, que apostava no método da força como o mais adequado, e o método da barganha, que já era defendido por industriais mais esclarecidos, para Follett a forma mais adequada de solucionar os conflitos seria por meio da integração dos interesses de ambas as partes. Com isso, as partes envolvidas em um conflito atuam em prol de uma alternativa que atenda a suas necessidades.

Além de Lilian Gilbreth e Mary Follett, outras mulheres estudiosas foram mapeadas juntamente com suas principais contribuições à Teoria Geral da Administração: Joan Woodward, Shoshana Zuboff, Linda Smircich, Mary Jo Hatch, Beatriz Marques de Sousa Wahrlich e Rosabeth Moss Kanter.

Os trabalhos de Joan Woodward (1916-1971) promoveram a consolidação da chamada visão sistêmica das organizações e contribuíram para a teoria da contingência. Ela era professora de sociologia industrial na Faculdade Imperial de Ciência e Tecnologia da Universidade de Londres.

Suas principais obras são: *Theory and Practice* [em português, Organização industrial: teoria e prática] e *Industrial organization: Behaviour and control* [em português, Organização industrial: comportamento e controle].

Essas obras mostram os dados de uma vasta pesquisa realizada na região sudeste de Essex.

A autora liderou um grupo de pesquisadores por quatro anos durante os quais estudaram uma centena de organizações industriais e a principal conclusão desse trabalho de pesquisa foi a constatação de uma ligação entre tecnologia e estrutura social.

Ela também contribuiu para que alguns conceitos fossem alocados no enfoque situacional mecanicista (organização rígida, meio ambiente estável e baixa inovação tecnológica), enquanto outros alocados no enfoque situacional orgânico (organizações com hierarquias menos rígidas, mais flexíveis e pertencentes ao meio ambiente de extrema mudança, com elevado grau de inovação).

Outra estudiosa encontrada é Shoshana Zuboff (nascida em 1951), professora de Harvard e autora do livro *In the age of the smart machine* [ou Na era da máquina inteligente], publicado em 1984. A autora contribuiu para estudos sobre tecnologia e sistema.

Em sua tese de doutorado, Shoshana explica que a tecnologia da informação permite dupla funcionalidade, sendo a primeira de automatização e a segunda de informatização.

A função de automatizar as operações substitui o esforço e a qualificação humana por uma tecnologia que proporciona essa execução com maior controle e continuidade com uma redução de custos. Já a função de informatização vai além dos limites da automatização. A informação que é gerada também é incorporada, alimentando o próprio sistema e, com isso, o aperfeiçoando.

Linda Smircich (nascida em 1948) aparece brevemente junto ao fenômeno de Liderança, sendo associada a Gareth Morgan. A pesquisadora estadunidense publicou em 1983 um importante artigo que ajudou a definir o conceito de cultura organizacional.

Para ela, a definição desse conceito engloba duas formas. A primeira é considerar a cultura como uma característica da organização. Por exemplo: no caso de entidades públicas e empresas, a cultura muda com o passar do tempo. A outra forma seria considerar que a organização não tem uma cultura, ela *é* uma cultura, sendo a organização interpretada como um ambiente cultural e simbólico.

No âmbito dos estudos de cultura organizacional, Mary Jo Hatch (nascida em 1934) foi crítica e ampliadora do modelo de Edgar Schein. Para este, a cultura é um conjunto de valores e ideias compartilhadas em um grupo, resultantes das adaptações externas e internas das pessoas integrantes.

Desse modo, o conceito de cultura pode ser dividido em três níveis: 1 - artefatos (aquilo que pode ser visto e ou ouvido no dia a dia); 2 - valores (a separação do que é certo e do que é errado); e 3 - pressupostos básicos (crenças inconscientes que, muitas vezes internalizadas, deixam de ser explícitas. Essas crenças determinam como os membros da organização pensam, percebem e sentem, e podem ser influenciadas por meio da linguagem, histórias, lendas e símbolos).

Para Hatch, os aspectos simbólicos devem ser considerados como mais complexos, por exemplo, as metáforas, a história da empresa, as expressões visuais, a arquitetura e os rituais.

Beatriz Marques de Sousa Wahrlich (1915-1994) foi a única autora brasileira mapeada na investigação, o que evidencia ainda uma subserviência na utilização de conhecimentos estadunidenses e europeus.

Nascida no Rio de Janeiro, foi professora da Escola Brasileira de Administração Pública da Fundação Getúlio Vargas, e em 1952 cursou mestrado na Universidade de Nova York no programa de administração pública, formando-se em 1954. A autora dedicou seu esforço e trabalho na área de estudos organizacionais.

Observamos que as mulheres tinham maior probabilidade de atingir posições elevadas nas carreiras da administração pública, mas em áreas que reproduziam a divisão sexual do trabalho, como na educação, cultura, assistência social e saúde.

Antes disso, ainda no início da década de 1950, Beatriz Wahrlich acessou o curso de mestrado quando a maioria das mulheres ainda estava atuando somente na esfera privada. A partir da pesquisa realizada, é possível pensar que Beatriz Wahrlich era oriunda das classes sociais elevadas, visto que teve oportunidade de acesso ao ensino superior e em seguida ao mestrado fora do país.

A contribuição de Wahrlich é importante no contexto da teorização da administração no país, pois nessa época predominavam aspectos práticos nas pesquisas, enquanto a autora focava na pesquisa sobre a teoria e seus fundamentos.

Se os demais estudiosos estavam preocupados com questões ligadas à prática organizacional, Beatriz defendia que era necessário o estudo das regras e teorias para qualquer situação, levando, desse modo, a administração a desenvolver-se e aprimorar-se no âmbito organizacional.

Dentre suas obras, cita-se aqui *Uma análise das teorias da organização*, de 1958, *Reforma Administrativa na Era Vargas*, de 1983 e os artigos "Reforma Administrativa Federal Brasileira: passado e presente", de 1974 e "Evolução nas Ciências Administrativas na América Latina", de 1979, ambos publicados na Revista de Administração Pública.

Em seu primeiro livro, originado de seu mestrado, ela indaga se realmente haveria uma teoria geral de organização. Além disso, para ela, as nações latino-americanas, como ex-colônias da Espanha ou de Portugal, teriam suas ciências administrativas marcadas pelo predomínio do enfoque jurídico da administração pública que prevalecia nos dois países. Mesmo assim, a região era importadora e consumidora de teorias administrativas elaboradas em outros países, principalmente os Estados Unidos.

Além disso, ela era administradora, funcionária empenhada com a modernização do setor público, foi cofundadora e diretora da Escola Brasileira de Administração Pública e de Empresas da Fundação Getúlio Vargas, no Rio de Janeiro, entre 1962 e 1970. Eis aqui aquela que já foi considerada a "patrona" (linguagem sexista) da gestão pública no Brasil, mas, nunca recebeu, de fato, essa honraria.

Rosabeth Moss Kanter (nascida em 1943) foi a última estudiosa a ser encontrada na literatura investigada. Estadunidense, graduada em Sociologia, mestra e Ph.D. na Universidade de Michigan e professora em Harvard.

Interessada em compreender a dinâmica organizacional, Kanter sugeriu estratégias para que grandes empresas pudessem se tornar mais flexíveis e aprimorar o sistema de comunicação, propondo um clima propício para que inovações aconteçam. Também encorajou o deslocamento de pessoas que exerciam determinadas funções para outras.

A maioria das pesquisas de Jane Srygley Mouton (1930 - 1987) foram publicadas em parceria com Robert Blake e tornaram-se famosa pela Grade de Liderança Gerencial, lançada em 1961, e seu trabalho como consultores para uma variedade de profissões e organizações.

Seus trabalhos influenciaram os conhecimentos sobre liderança gerencial e desenvolvimento organizacional. Também escreveram mais de vinte livros, centenas de artigos científicos e 290 capítulos de livros.

Baseando-se em pesquisas da Universidade de Michigan, a dupla organizou alguns tipos de comportamentos de liderança a partir de dois eixos, um focado nas pessoas e o outro focado na produção. O próximo passo foi criar uma grade ou *grid* gerencial, em que alguns estilos de liderança são obtidos a partir de diferentes combinações, dentre os quais estariam: o líder negligente, o líder orientado para a tarefa, líder orientado para pessoas, e assim por diante.

Apenas nove mulheres foram mapeadas, enquanto cerca de cinquenta homens foram encontrados. Após a leitura, foi confirmada a percepção de que o uso da linguagem não contribui para dar visibilidade às autoras nos livros voltados à Teoria Geral da Administração e mesmo aos Estudos Organizacionais.

O fato de apenas uma mulher brasileira ter sido encontrada demonstra que, diferente de outros países em que as mulheres já tinham acesso ao sistema educacional havia décadas, por aqui o mesmo não ocorria para a maioria da população.

Daí a maioria das autoras que contribuíram para a Teoria Geral da Administração ser oriunda de países ao norte do globo e brancas, tendendo a comporem as classes sociais mais elevadas em suas respectivas sociedades, visto que na época da construção da TGA, as mulheres do sul global não tinham tantas oportunidades de acesso à educação e ao campo científico.

Algo que reforça que tais conhecimentos foram construídos a partir de um contexto marcado por uma estrutura que reproduz desigualdades sociais, raciais e de gênero.

Talvez essas raras estudiosas que compõem os conhecimentos considerados basilares na formação em gestão e administração, a partir de uma ótica brasileira, sejam fruto do processo de resgate de memórias, práticas e experiências que buscam reduzir a invisibilidade das mulheres.[138]

Na verdade, poderíamos conhecer menos mulheres que contribuíram para o estudo das organizações.

Sabe-se que ao longo do século XIX e início do século XX houve uma ampliação ao acesso à educação por mulheres. Ainda assim, para a maioria delas era impossível se ocupar como estudiosas e escritoras, e quando isso era possível, dificilmente o trabalho era reconhecido, por vezes precisando usar pseudônimos para conseguirem publicar ou publicando com nomes dos maridos, o que ampliou sobremaneira a invisibilidade feminina nos registros históricos, na literatura e na ciência.

Se não existem mais mulheres que estudaram as organizações, sabemos o porquê disso. Nesse tempo, a maioria delas não tinha acesso à educação, tampouco poderia almejar estudos mais avançados; elas não tinham autorização para trabalhar fora de casa, não tinham a possibilidade de não terem que assumir tantas responsabilidades no lar, como o cuidado da casa e dos filhos.

Também havia casos em que as mulheres trabalhavam para sua subsistência e de sua família, sem esquecermos das mulheres escravizadas e tratadas como mercadorias, que sempre trabalharam, mas de maneira coagida.

Apesar de todos os impedimentos e dificuldades, podemos afirmar que, sim, as mulheres também estavam nas fábricas e nos escritórios, seja trabalhando como operárias ou assistentes, seja como estudiosas e pesquisadoras das organizações. Elas sempre estiveram lá.

AVANÇOS

Muitas organizações, cada qual com seus motivos, estão investindo na promoção da diversidade, seja para contribuírem com uma sociedade mais justa e igualitária, seja para melhorarem sua imagem institucional, seja para aprender a lidar com esses temas cada vez mais relevantes no campo organizacional e na sociedade.

Em alguns casos, pode ser por tudo isso e por outros motivos. Nunca saberemos ao certo, pois os discursos organizacionais podem ser bastante distantes das práticas organizacionais. Fato é que tanto políticas para a promoção da igualdade e equidade de gênero quanto práticas podem ser averiguadas nas esferas pública, privada e terceiro setor.

Com isso, vemos cada vez mais organizações promovendo a igualdade e equidade de gênero, promovendo espaços sem discriminação sexual e racial, espaços mais inclusivos para pessoas com deficiência e pessoas LGBTQIAP+ e outras dissidências.

A agenda 2030[139] para o desenvolvimento sustentável traz a desigualdade de gênero como um desafio fundamental.

Dentre vários objetivos de desenvolvimento sustentável, o quinto objetivo é alcançar a igualdade de gênero e empoderar todas as mulheres e meninas, o que engloba várias metas, dentre elas: a) acabar com todas as formas de discriminação contra todas as mulheres e meninas em toda parte; b) reconhecer e valorizar o trabalho de assistência e doméstico não remunerado por meio da disponibilização de serviços públicos, infraestrutura e políticas de proteção social, bem como a promoção da responsabilidade compartilhada dentro do lar e da família, conforme os contextos nacionais; c) garantir a participação plena e efetiva das mulheres e a igualdade de oportunidades para a liderança em todos os níveis de tomada de decisão na vida política, econômica e pública; d) realizar reformas para dar às mulheres direitos iguais aos recursos econômicos, bem como o acesso à propriedade e controle sobre a terra e outras formas de propriedade, serviços financeiros, herança e os recursos naturais, de acordo com as leis nacionais; e) aumentar o uso de tecnologias de base, em particular as tecnologias de informação e comunicação, para promover o empoderamento das mulheres; f) adotar e fortalecer políticas sólidas e legislação aplicável para a promoção da igualdade de gênero e o empoderamento de todas as mulheres e meninas em todos os níveis.

Também é possível notar um incentivo à participação das mulheres no campo científico se considerarmos o Plano de Ação 2017-2020 do BRICS (Brasil, Rússia, Índia, China e África do Sul) formulado na África do Sul, que discute a importância da participação das mulheres na ciência.

Em relação às empresas, os Princípios de Empoderamento das Mulheres[140] visam ajudar as empresas a adaptar as políticas e práticas existentes e ajudar a desenvolver novas políticas e práticas visando o empoderamento feminino.

O Prêmio WEPs Brasil — Empresas Empoderando Mulheres valoriza o esforço de empresas de todos os portes, incentivando as organizações a utilizarem os WEPs como ferramentas de gestão.

No Brasil, o Programa Pró-Equidade de Gênero e Raça, fundado em 2005, abrange empresas que valorizam a promoção da igualdade entre homens e mulheres no ambiente de trabalho de organizações públicas e privadas.

Uma pesquisa[141] foi realizada com essas organizações e os motivos apontados por elas para a sub-representação feminina em cargos de gestão e direção foram: falta de experiência da organização para lidar com a situação (36,9%); falta de qualificação profissional para as mulheres ocuparem esses cargos (28,9%); e falta de interesse das mulheres em cargos que impliquem maiores responsabilidades (34,2%).

A maioria das empresas participantes não implementou medidas para motivar as mulheres, resultando num processo de afunilamento que reduz o envolvimento feminino ao longo da escala hierárquica.

Um estudo[142] envolvendo empresas de capital aberto, líderes de mercado entre as marcas brasileiras mais valiosas, que desenvolviam políticas de gênero e promoviam a presença de mulheres em cargos de liderança, aponta que há uma redução de oportunidades à medida que os cargos vão subindo na hierarquia, e mantendo as disparidades salariais entre homens e mulheres.

Assim, foi constatado que há um descompasso entre o discurso dos relatórios de sustentabilidade e os resultados obtidos na promoção da igualdade, com uma proporção muito maior de homens em cargos de liderança, como nos conselhos de administração.

A legislação trabalhista precisou atualizar-se em relação à proteção das mulheres nas organizações, tendo em vista o aumento significativo de processos judiciais sobre abusos, assédio e desigualdade salarial, bem como às demandas da Secretaria de Políticas para as Mulheres.

Em 2023, a Lei nº 14.611 foi promulgada em 3 de julho visando a garantia de salários iguais e de critérios remuneratórios entre homens e mulheres no exercício da mesma função, ou que realizam trabalhos de igual valor.

Em seu Art. 4º, ela diz que a igualdade salarial e de critérios remuneratórios entre mulheres e homens será garantida por meio das seguintes medidas:

I — estabelecimento de mecanismos de transparência salarial e de critérios remuneratórios;

II — incremento da fiscalização contra a discriminação salarial e de critérios remuneratórios entre mulheres e homens;

III — disponibilização de canais específicos para denúncias de discriminação salarial;

IV — promoção e implementação de programas de diversidade e inclusão no ambiente de trabalho que abranjam a capacitação de gestores, de lideranças e de empregados a respeito do tema da equidade entre homens e mulheres no mercado de trabalho, com aferição de resultados; e

V — fomento à capacitação e à formação de mulheres para o ingresso, a permanência e a ascensão no mercado de trabalho em igualdade de condições com os homens.

Em seu Art. 5º, determina a publicação semestral de relatórios de transparência salarial e de critérios remuneratórios pelas pessoas jurídicas de direito privado com cem ou mais empregados.

Em seguida, o Decreto nº 11.795, de 23/11/2023, regulamenta a Lei nº 14.611 que diz respeito aos mecanismos de transparência salarial e de critérios remuneratórios. Ele dispõe sobre o Relatório de Transparência Salarial e o Plano de Ação para Mitigação da Desigualdade Salarial e de Critérios Remuneratórios entre Mulheres e Homens.

Nos últimos vinte anos,[143] na América Latina e Caribe, ocorreu um aumento na inserção das mulheres no campo do trabalho devido a fatores culturais e demográficos, como mais acesso à educação e a níveis educacionais cada vez mais elevados para as mulheres, e o adiamento da maternidade e casamento, quando for o caso.

Entretanto, a situação das mulheres está longe de ser igual à dos homens, pois elas estão concentradas em trabalhos informais, com condições mais precárias e acesso reduzido à seguridade social.

Portanto, ainda temos muitos desafios. "Temos": eu, você, nós, as organizações, os gestores, as gestoras que trabalham em organizações de todos os setores e toda a sociedade.

DESAFIOS

Como já dito, não basta ampliar o nível educacional das mulheres para que as suas condições profissionais e econômicas melhorem. Por isso, um desafio é mudar a mentalidade das pessoas que ocupam cargos com exercício de poder para que outros aspectos não permaneçam prejudicando a vida das mulheres: práticas discriminatórias e sexistas, práticas racistas, práticas como as barreiras.

Um desafio é a formação de gestores e gestoras voltada para uma sociedade mais igualitária. Uma educação que coloque em evidência estereótipos e preconceitos de gênero nessa área de conhecimento e nas organizações, que busque colocar em evidência autoras durante os processos de ensino-aprendizagem, tendo em vista que a supressão do gênero em citações e referências nas produções científicas e literárias pode levar a uma percepção de que a autoria é sempre masculina. Uma formação que esteja mais atenta às necessidades da sociedade e aos impactos causados pelas organizações. Uma formação que utilize exemplos de mulheres em cargos de gestão, pois representatividade é importante.

Outro desafio é a destruição do mito da beleza, que faz com que muitas mulheres se preocupem em demasia com sua aparência e invistam nisso, mesmo recebendo menores remunerações e pagando preços mais altos por produtos similares aos destinados ao público masculino.

Estudos nos Estados Unidos, desde a década de 1990, e no Brasil desde a década de 2010, apontam que existe uma Taxa Rosa, ou seja, discriminação de gênero na compra de bens e serviços por mulheres.

Uma pesquisa brasileira[144] de 2020 investigou a presença da Taxa Rosa em produtos vendidos de modo on-line em sites de quinze grandes redes de varejo do país, ou seja, o fenômeno em que produtos e serviços direcionados às mulheres custam mais caro do que aqueles destinados aos homens, mesmo que os produtos e serviços sejam similares.

Todas as categorias de produtos analisadas apresentaram preços mais altos para as mulheres: brinquedos, higiene e cuidados pessoais, material escolar, vestuário adulto e infantil. Na categoria "higiene e cuidados pessoais" uma possível explicação é que são produtos direcionados ao cuidado e à beleza e, por isso, seria um nicho de mercado em que as mulheres estariam dispostas a pagar mais caro. De qualquer modo, a diferenciação de preços por gênero é uma prática no comércio on-line do Brasil.

A presença de ouvidoras nas organizações também é um desafio. Como denunciar ou relatar situações de assédio para um homem? Quantas mulheres não desistem desse canal de comunicação organizacional justamente porque o receptor da mensagem não é uma mulher?

Ficarmos atentos aos impactos do uso da Inteligência Artificial no mercado de trabalho também é um desafio, pois, possivelmente, atingirá áreas nas quais há mais mulheres trabalhando, o que indicaria um fortalecimento de desigualdades de gênero já existentes, levando a mais desigualdades.

O desafio é acabar com o sexismo (crença na superioridade de um sexo em relação ao outro) e o racismo (crença na superioridade de uma raça ou etnia em relação a outra) nas organizações e em toda a sociedade.

Acabar com a misoginia, que é o ódio contra as mulheres, podendo ser manifestado por meio da agressão física, moral, sexual e até psicológica, também é um desafio. Uma aversão que acaba levando a comportamentos machistas e violentos que pretendem subjugar as mulheres e mantê-las em posições inferiores na sociedade, nas organizações e até em suas casas. Promover uma gestão antissexista e antirracista contribui sobremaneira para a redução das desigualdades, impactando positivamente muito além das organizações.

Um desafio para toda a sociedade, inclusive para as organizações, é a compreensão do trabalho de cuidado de pessoas e das rotinas domésticas como algo a ser compartilhado. Nos últimos anos, dados apontam que as mulheres dedicaram 24,4 horas semanais em atividades domésticas, enquanto os homens apenas 12,6 horas.[145] Durante o auge da pandemia, as mulheres foram as mais demitidas, e em muitos casos foram as principais responsáveis pelas das tarefas da casa e de cuidados com pessoas, mesmo quando estavam trabalhando fora ou em home-office.

Assim, como possíveis soluções, sugerimos:
a) uma educação desde a infância que ajude a construir mentalidades mais igualitárias em crianças e jovens;
b) um ensino superior que proporcione a aprendizagem da responsabilização pelas tarefas dentro das casas, a valorização do trabalho de cuidado (pois ele é a base para todos os demais trabalhos na sociedade), o compartilhamento mais igualitário das tarefas e das rotinas domésticas e de cuidado entre as pessoas da casa;
c) a importância de menores jornadas de trabalho remunerado para homens e mulheres poderem contribuir de modo mais igualitário nesse processo compartilhado, de modo que todas as pessoas tenham mais tempo e energia disponíveis para isso.

Políticas públicas também são importantes, pois elas podem viabilizar mais vagas em creches para as famílias que não têm com quem deixar seus filhos e que não têm uma rede de apoio.

Esclarecendo que as creches não são importantes apenas para que as mulheres trabalhem fora, se assim o desejarem. Creches também são importantes para os pais, pois ambos são corresponsáveis pelo cuidado infantil. Quem disse que só as mulheres precisam desistir de trabalhar fora? Quem disse que os homens não querem cuidar dos filhos? Precisamos construir possibilidades, precisamos ensinar e mostrar que elas existem e são possíveis.

Além de políticas públicas, também são necessárias políticas organizacionais que considerem a perspectiva de gênero, ou seja, que não partam de pressupostos que ainda colocam e limitam as mulheres a papéis tradicionais.

Ao partirem de uma perspectiva de gênero, as políticas serão pensadas tendo como base que os papéis e responsabilidades são construções sociais e, logo, podem ser modificados. Isso também possibilita considerar os aspectos raciais, de idade, e demais desigualdades que atingem as mulheres, deixando-as mais vulneráveis no mercado de trabalho.

Precisamos viabilizar o acesso ao trabalho nas organizações, reduzindo desigualdades, assim como viabilizar iguais oportunidades de promoção.

Sucesso econômico individual é importante, mas será que é suficiente? Quantas pessoas renunciam ao tempo livre, à qualidade de vida, a fazer algo de que realmente gostam, renunciam a estarem com as pessoas que amam, em troca de uma remuneração elevada?

Muitas mulheres querem uma vida digna e feliz, e isso não passa necessariamente por longas e exaustivas jornadas de trabalho. Talvez um passo importante seja a redução da desigualdade salarial entre aqueles que ganham muito mais e aqueles que ganham menos nas organizações.

Parece existir uma linha tênue entre a autonomia econômica e o estímulo ao consumismo, que pode ser visto como uma via de liberação e até de empoderamento. Poderia também ser compreendido como uma produção de subjetividades, que pode tornar as mulheres mais condescendentes com certas técnicas normativas de gênero. Em meio a uma mentalidade disseminada na sociedade que procura governar as condutas das mulheres para que se tornem sujeitas individualistas e empreendedoras de si mesmas, os estudos voltados para elas não podem limitar-se a questões de redistribuição econômica.[146] Há outras demandas que precisam ser atendidas para além dessa redistribuição. Ter autonomia econômica contribui para relações mais igualitárias de gênero em casa, mas nem sempre.

Mulheres que ganham rendimentos semelhantes aos dos companheiros, ou até maiores do que eles, também podem sofrer violências físicas e emocionais. Mulheres negras com rendimentos altos também podem sofrer racismo e sexismo em seus lares.

Dessa maneira, para além da redistribuição econômica, é preciso educação, informação, campanhas nas mídias, nas organizações, políticas públicas e privadas com a firme intenção de mudar práticas tão enraizadas em nós e na sociedade.

Compreender que somos incentivadas a competir umas com as outras, a parecermos o que não somos, tanto fisicamente, quanto em termos comportamentais, é crucial para vislumbrarmos a complexidade de ser mulher no campo das organizações.

As mulheres também são as mais afetadas no mundo pelos efeitos nocivos das operações de muitas corporações. Sendo assim, é importante e urgente que não compactuemos com práticas de *greenwashing*, práticas antiéticas e promotoras de problemas para as comunidades de entorno das organizações e seus consumidores.

Ainda chamo a atenção ao desafio de descolonizarmos o pensamento. Isso nada tem a ver com parar de usar a expressão América Latina e passar a usar *Abya Ayla* ou chamar o Brasil de Pindorama. É muito mais do que isso. Tem a ver com repensar essa lógica androcêntrica e masculina de funcionamento das organizações. Um modelo decadente, no qual a vida e o tempo estão centrados no trabalho chamado de produtivo e o planeta Terra é visto com uma fonte inesgotável de recursos para aqueles que podem pagar.

O trabalho reprodutivo não precisaria ser mais valorizado? Outras visões como as cosmovisões indígenas e africanas não podem nos ajudar a repensar nossos modos de viver e de se organizar? Será que uma organização precisa crescer a ponto de ser tão grande? Será que não podemos priorizar o consumo de produtos locais? Será que não podemos valorizar o trabalho reprodutivo? Será que os homens não podem exercer esse trabalho também?

O que podemos fazer é ser menos sexistas e racistas, aprender com os saberes indígenas e africanos, com as crianças, com os idosos, com as mulheres e com os homens que nos apoiam na busca de construir uma sociedade mais igualitária e justa.

NOTAS

1. DE BEAUVOIR, S. *O segundo sexo*. Rio de Janeiro: Nova Fronteira, 2014.
2. PATOU-MATHIS, M. *O homem pré-histórico também é mulher: uma história da invisibilidade das mulheres*. Rio de Janeiro: Rosa dos Tempos, 2022.
3. FEDERICI, S. *Mulheres e caça às bruxas: da Idade Média aos dias atuais*. São Paulo: Boitempo, 2019, p.65.
4. FEDERICI, S. *O patriarcado do salário: notas sobre Marx, gênero e feminismo*. São Paulo: Boitempo Editorial, 2021; FEDERICI, S. *Reencantando o mundo: feminismo e a política dos comuns*. São Paulo: Elefante, 2022.
5. CUNHA, L. A. *A universidade temporã: o ensino superior, da Colônia à Era Vargas*. 3.ed. São Paulo: Editora UNESP, 2007.
6. MICELI, S. *Intelectuais e classe dirigente no Brasil (1920-1945)*. São Paulo — Rio de Janeiro: Difusão Editorial, 1979.
7. BRAZIL, É. V.; SCHUMAHER, S. *Dicionário Mulheres do Brasil: de 1500 até a atualidade*. Rio de Janeiro: Jorge Zahar Editor, 2000.
8. BRAVERMAN, H. *Trabalho e capital monopolista: a degradação do trabalho no século XX*. Rio de Janeiro: Guanabara, 1987.
9. FEDERICI, S. *O patriarcado do salário: notas sobre Marx, gênero e feminismo*. São Paulo: Boitempo Editorial, 2021.
10. PATOU-MATHIS, M. *O homem pré-histórico também é mulher: uma história da invisibilidade das mulheres*. Rio de Janeiro: Rosa dos Tempos, 2022.

11 OYĚWÙMÍ, O. *A invenção das mulheres: construindo um sentido africano para os discursos ocidentais de gênero*. Rio de Janeiro: Bazar do Tempo, 2021.

12 LERNER, G. *A criação do patriarcado: história da opressão das mulheres pelos homens*. São Paulo: Cultrix, 2019.

13 SCOTT, J. "La mujer trabajadora en el siglo XIX". *Historia de las mujeres*, v. 4, p. 425-461, 1993.

14 Idem.

15 KERGOAT, D. *Divisão sexual do trabalho e relações sociais de sexo. In*: HIRATA, H.; LABORIE, F.; LE DOARÉ, H.; SENOTIER, D. (Dirs), *Dicionário Crítico do Feminismo*. (67-75). São Paulo: Unesp, 2009.

16 IWAMOTO, H. M.; PETINELLI-SOUZA, S. "Trabalho reprodutivo na COVID-19: um estudo com mães". *Contribuciones a las ciencias sociales*, v. 17, n. 1, p. 425-447, 2024.

17 RAGO, M. "Trabalho feminino e sexualidade". *In*: DEL PRIORE, M. *História das mulheres no Brasil*, 2018.

18 SCOTT, J. "La mujer trabajadora en el siglo XIX". *Historia de las mujeres*, v. 4, p. 425-461, 1993.

19 FEDERICI, S. *O patriarcado do salário: notas sobre Marx, gênero e feminismo*. São Paulo: Boitempo Editorial, 2021.

20 SPINK, P. "A perda, redescoberta e transformação de uma tradição de trabalho: a teoria sociotécnica nos dias de hoje". *Organizações & Sociedade*, v. 10, p. 117-129, 2003.

21 MATOS, M.; PARADIS, C. "Los feminismos latinoamericanos y su compleja relación con el Estado: debates actuales". *Íconos. Revista de Ciencias Sociales*, n. 45, p. 91-107, 2013.

22 RAGO, M. "Trabalho feminino e sexualidade". *In*: DEL PRIORE, M. *História das mulheres no Brasil*, 2018; RAGO, M. *Do cabaré ao lar: a utopia da cidade disciplinar e a resistência anarquista: Brasil 1890-1930*, 2014.

23 ANDREWS; C. W.; BARIANI, E. "As marcas de nascença: a administração pública da Colônia à República Velha". *In*: ANDREWS; C. W.; BARIANI, E. (Orgs.). *Administração pública no Brasil: breve história política*. São Paulo: Editora UNIFESP, 2010.

24 DECCA, M. A. G. *Indústria, trabalho e cotidiano: Brasil, 1889 a 1930*. Atual, 1991.

25 MICELI, S. *Intelectuais e classe dirigente no Brasil (1920-1945)*. São Paulo — Rio de Janeiro: Difusão Editorial, 1979.

26 PAIVA, J. M. de. "Educação jesuítica no Brasil colonial". *In*: LOPES, E. M. T.; FARIA FILHO; L.M., VEIGA, C. G. (Orgs.) *500 anos de educação no Brasil*. São Paulo: Grupo Autêntica, 2000.

27 SAES, F. A. M. de; CYTRYNOWICZ, R. "O ensino comercial na origem dos cursos superiores de Economia, Contabilidade e Administração". *Revista Álvares Penteado*, v. 3, n. 6, p. 37-59, 2001.

28 CUNHA, L. A. *A universidade temporã: o ensino superior, da Colônia à Era Vargas*. 3.ed. São Paulo: Editora UNESP, 2007.

29 DUBAR, C. *A socialização: construção das identidades sociais e profissionais*. São Paulo: Martins Fontes, 2005.

30 LOURO, G. L. "Mulheres na sala de aula". *In:* DEL PRIORE, M. B. (Org.) *História das mulheres no Brasil*. São Paulo: Contexto, p.443-481, 2018.

DUARTE, C. L. "Nísia Floresta e a educação feminina no século XIX". *In*: LÔBO, Y.; FARIA, L. (Orgs.). *Vozes femininas no Império e da República*, p.105-144, 2008. Rio de Janeiro: Quartet, FAPERJ.

31 TELLES, N. "Escritoras, escritas, escrituras". *In*: DEL PRIORE, M. B. (Org.) *História das mulheres no Brasil*. São Paulo: Contexto, 2018, p.402-442;

VASCONCELOS, M. C. C. "Vozes femininas nos Oitocentos: o papel das preceptoras nas casas brasileiras". *In*: Y. LÔBO, Y.; FARIA, L. (Orgs). *Vozes femininas no Império e da República*. p.19-46. Rio de Janeiro: Quarte, FAPERJ, 2008.

32 BRAZIL, É. V., & SCHUMAHER, S. *Dicionário Mulheres do Brasil: de 1500 até a atualidade*. Rio de Janeiro: Jorge Zahar Editor, 2000;

DUARTE, C. L. Nísia Floresta e a educação feminina no século XIX. In Y. Lôbo & L. Faria (Orgs.). Vozes femininas no Império e da República, p.105-144. Rio de Janeiro: Quartet, FAPERJ, 2008;

BURKE, M. L. G. P. *Nísia Floresta, O Carapuceiro e outros ensaios de tradução cultural*. São Paulo: Editora HUCITEC, 1996;

SOUZA, S. P. "A literatura feminista de Nísia Floresta na formação em administração". *Revista Eletrônica de Ciência Administrativa*, v. 20, n. 4, p. 739-763, 2021.

33 DUARTE, C. L. *Nísia Floresta*. Recife: Editora Massangana, 2010, p.150.

34 DUARTE, C. L. "Direitos das Mulheres e Injustiça dos Homens: Introdução e notas". *In*: E. L. Padilha (Org.). *Nísia Floresta uma mulher à frente do seu tempo*, p.95-190. Brasília: Fundação Ulysses Guimarães, 2016.

35 MUZART, Z. L. "Maria Firmina dos Reis romance em negro e branco: Úrsula". *In*: GUARDIA, S. B. (Org.). *Escritoras del siglo XIX en América Latina. Lima: Centro de Estudios la Mujer en la Historia de América Latina*, 2012, p. 225-234;

TRINDADE, M. de N. B. "Marias que contam histórias: a escrita da vida e as marcas de uma escrita negra em três autoras brasileiras". *RELACult-Revista Latino-Americana de Estudos em Cultura e Sociedade*, Foz do Iguaçu, v. 5, p. 1-19, 2019.

36 PETINELLI-SOUZA, S. "Mulheres na literatura latino-americana: o invisível também tem cor". *Organon*, v. 37, n. 74, 2022.

37 PERROT, M. *Minha história das mulheres*. São Paulo: Contexto, 2007.

38 SOMMER, D. "Liberdades literárias: a autoridade dos autores afrodescendentes". *In*: CLACSO. *Estudos afro-latinoamericanos: uma introdução*. Buenos Aires: Consejo Latinoamericano de Ciencias Sociales, 2018. p. 375-409.

39 RAGO, M. "Epistemologia feminista, gênero e história". *In*: E. B. Hollanda (Org.). *Pensamento feminista brasileiro: formação e contexto*, p.371-188. Rio de Janeiro: Bazar do Tempo, 2019.

40 CUNHA, L. A. *O ensino de ofícios nos primórdios da industrialização*. São Paulo: Editora UNESP, Brasília, DF: Flacso, 2000.

41 INSTITUTO BRASILEIRO DE GEOGRAFIA E ESTATÍSTICA. *Desigualdades Sociais por cor ou raça no Brasil. Estudos e Pesquisas, Informação Demográfica e Socioeconômica*. Rio de Janeiro: IBGE, 2019.

42 INSTITUTO NACIONAL DE ESTUDOS E PESQUISAS EDUCACIONAIS ANÍSIO TEIXEIRA. *Resumo técnico do Censo da educação superior 2017*. Brasília: INEP, 2019.

43 INSTITUTO NACIONAL DE ESTUDOS E PESQUISAS EDUCACIONAIS ANÍSIO TEIXEIRA. *Censo da educação superior: divulgação dos resultados*. Brasília: INEP, 2023.

44 PETINELLI-SOUZA, S.; CORCETTI, E.; SARTORI, M. "Female under-representation in STE: The case of the Federal University of Espírito Santo".*Cuestiones de género: de la igualdad y la diferencia*, n. 16, p. 651-667, 2021.

45 FARRELL, J. P. "Changing conceptions of equality of education: Forty years of comparative evidence". *Comparative education: The dialectic of the global and the local*, p. 149-177, 1999;

ESPINOZA, O. "Solving the equity—equality conceptual dilemma: A new model for analysis of the educational process". *Educational research*, v. 49, n. 4, p. 343-363, 2007.

46 CORCETTI, E.; PETINELLI-SOUZA, S. "Ações afirmativas no ensino superior brasileiro". *Ex aequo*, n. 44, p. 79-92, 2021.

47 PETINELLI-SOUZA, S. "Descaso ou ferida colonial? Gênero nas políticas públicas educacionais no Brasil". *Revista Praia Vermelha*, v. 33, n. 2, p. 420-444, 2023.

48 UNITED NATIONS EDUCATIONAL, SCIENTIFIC AND CULTURAL ORGANIZATION. *Global Education Monitoring Report — Gender Report: A new generation: 25 years of efforts for gender equality in education*. Paris, UNESCO, 2020.

49 PERROT, M. *Minha história das mulheres*. São Paulo: Contexto, 2007.

50 TOLEDO, L. C. de; ROCHA, M. A. K. da; DERMMAM, M. R.; DAMIN, M. R. A.; PACHECO, M. (Org.). *Manual para o uso não sexista da linguagem*. Rio Grande do Sul: Secretaria de Comunicação e Inclusão Digital, 2014.

51 HÖPFL, H. *Women's writing. Handbook of gender, work and organization*, p. 25-36, 2011.

52 BRESSER-PEREIRA, L.C. "Do Estado patrimonial ao gerencial". In: BRESSER-PEREIRA, L.C.; PINHEIRO, W.; SACHS, I. (orgs.), *Brasil: Um Século de Transformações*, p.222-259. São Paulo: Cia. das Letras, 2001.

53 ALVES, J. E. D. *A linguagem e as representações da masculinidade*. Rio de Janeiro: Escola Nacional de Ciências Estatísticas, p. 387-392. IBGE, 2004.

54 HIRATA, H.; KERGOAT, D. "Novas configurações da divisão sexual do trabalho". *Cadernos de pesquisa*, v. 37, pp. 595-609, 2007.

55 SCOTT, J. "La mujer trabajadora en el siglo XIX". *Historia de las mujeres*, v. 4, p. 425-461, 1993.

56 GUIRALDELLI, R. "Adeus à divisão sexual do trabalho?: desigualdade de gênero na cadeia produtiva da confecção". *Sociedade e Estado*, v. 27, p. 709-732, 2012.

57 SAFFIOTI, H. I. B. *A mulher na sociedade de classes: mito e realidade*. São Paulo: Vozes, 1976.

58 GONZALEZ, L. "A categoria político-cultural de amefricanidade". *Tempo Brasileiro*, v. 92, n. 93, p. 69-82, 1988; GONZALEZ, L. "Racismo e sexismo na cultura brasileira". *In*: HOLLANDA, H. B. de. (org.). *Pensamento Feminista Brasileiro: Formação e contexto*. Rio de Janeiro: Bazar do Tempo, 2019.

59 SEGATO, R. L. "Gênero e colonialidade: em busca de chaves de leitura e de um vocabulário estratégico descolonial". *E-Cadernos CES*, n. 18, p. 106-131, 2012.

60 QUIJANO, A. "Colonialidad del poder, eurocentrismo y América Latina. *In*: LANDER, E. La colonialidad del Saber: eurocentrismo y ciencias sociales". *Perspectivas Latinoamericanas*. Buenos Aires: CLACSO, 2000.

61 DUBAR, C. *A socialização: construção das identidades sociais e profissionais*. São Paulo: Martins Fontes, 2005.

62 ADAMOVIC, M.; LEIBBRANDT, A. "Is there a glass ceiling for ethnic minorities to enter leadership positions? Evidence from a field experiment with over 12,000 job applications". *The Leadership Quarterly*, v. 34, n. 2, p. 1-13, 2022.

63 BUTLER, J. P. *Problemas de Gênero: feminismo e subversão da identidade*. Rio de Janeiro: Civilização Brasileira, 2018, p.21.

64 DE PAULA LEITE, Marcia. "Gênero e trabalho no Brasil: os desafios da desigualdade". *Revista Ciências do Trabalho*, n. 8, p. 55-78, 2017.

65 CONCEIÇÃO, P. "Human development report 2020-the next frontier: Human development and the anthropocene". *United Nations Development Programme: Human Development Report*, 2020.

66 CARVALHAES, F.; RIBEIRO, C. A. C. "Estratificação horizontal da educação superior no Brasil: Desigualdades de classe, gênero e raça em um contexto de expansão educacional". *Tempo social*, v. 31, p. 195-233, 2019.

67 MCDONALD, P. "Societal foundations for explaining low fertility: Gender equity". *Demographic research*, v. 28, p. 981-994, 2013.

68 SEGATO, R. L.; McGLAZER, R. "A manifesto in four themes". *Critical Times*, 1(1), 198-211, 2018.

69 QUIJANO, A. "Colonialidad del poder, eurocentrismo y América Latina". *In*: LANDER, E. *La colonialidad del Saber: eurocentrismo y ciencias sociales*. Perspectivas Latinoamericanas. Buenos Aires: CLACSO, 2000.

70 LUGONES, M. "Subjetividad esclava, colonialidad de género, marginalidad y opresiones múltiples". *In*: *Pensando los feminismos en Bolivia*. La Paz, Bolivia: Conexión Fondo de Emancipaciones, 2012, p.129-140.

71 SEGATO, R. L. "Gênero e colonialidade: em busca de chaves de leitura e de um vocabulário estratégico descolonial". *E-Cadernos CES*, n. 18, p. 106-131, 2012.

72 PAREDES, J. *Hilando Fino desde el Feminismo Comunitario*. Buenos Aires: En la Frontera, 2010.

73 CROTTI, R. et al. *Global gender gap report 2020*. *In*: World Economic Forum. 2020.

74 ZAHIDI, S. *Global gender gap report 2023: insight report*. *In*: World Economic Forum, 2023.

75 ZAHIDI, S. *Global gender gap report 2024: insight report*. *In*: World Economic Forum, 2024.

76 UNITED NATIONS. *Transforming our world: the 2030 agenda for sustainable development*. UN, 2015.

77 INSTITUTO BRASILEIRO DE GEOGRAFIA E ESTATÍSTICA. *Pesquisa Nacional por Amostra de Domicílios Contínua. Características gerais dos domicílios e dos moradores*. Rio de Janeiro: IBGE, 2022.

78 CONCEIÇÃO, P. Human development report 2020-the next frontier: Human development and the anthropocene. United Nations Development Programme: Human Development Report, 2020.

79 CALÁS, M. B.; SMIRCICH, L. "Do ponto de vista da mulher: abordagens feministas em estudos organizacionais". *In*: CALDAS, M.; FACHIN, R.; FISHER, T. (org.). *Handbook de estudos organizacionais, v. 1*. São Paulo: Atlas, 2007. p. 275-329.

80 INSTITUTO ETHOS. *Perfil social, racial e de gênero das 500 maiores empresas do Brasil e suas ações afirmativas*. Instituto Ethos e Banco Interamericano de Desenvolvimento, 2016.

81 INSTITUTO ETHOS. *Perfil Social, Racial e de Gênero das 1.100 maiores empresas do Brasil e suas ações afirmativas (2023-2024)*. São Paulo: Instituto ETHOS, 2024.

82 INSTITUTO BRASILEIRO DE GEOGRAFIAE ESTATÍSTICA. *Pesquisa Nacional por Amostra de Domicílios Contínua. Características gerais dos domicílios e dos moradores*. Rio de Janeiro: IBGE, 2022.

83 NASCIMENTO, B. "A mulher negra e o mercado de trabalho". *In*: HOLLANDA, H. B. de (Org.). *Pensamento Feminista Brasileiro: Formação e contexto*. Rio de Janeiro: Bazar do Tempo, p.259-263, 2019.

84 CARNEIRO, S. "Mulheres em movimento: contribuições do feminismo negro". *In*: HOLLANDA, H. B. de (Org.). *Pensamento feminista brasileiro: formação e contexto.* Rio de Janeiro: Bazar do Tempo, 2019, p. 271-289.

85 ARONSON, P.; BOISSON, H. "Féministes ou postféministes?" *Politix*, n. 1, p. 135-158, 2015.

86 CERQUEIRA, D. R. de C. (Coord.). *Atlas da violência 2023.* Instituto de Pesquisa Econômica Aplicada. IPEA, 2023.

87 SILVA, G. R. da. *Azoilda Loreto da Trindade: o baobá dos valores civilizatórios afro-brasileiros.* Rio de Janeiro: Metanoia, 2021.

88 FEDERICI, S. *O patriarcado do salário: notas sobre Marx, gênero e feminismo.* São Paulo: Boitempo Editorial, 2021.

89 SCOTT, J. "La mujer trabajadora en el siglo XIX". *Historia de las mujeres*, v. 4, p. 425-461, 1993.

90 BRUSCHINI, C. "O trabalho da mulher brasileira nas décadas recentes". *Revista Estudos Feministas*, v. 2, p. 179-199, 1994.

91 OCDE. *Relatórios econômicos.* Organização para a Cooperação e Desenvolvimento Econômico: Brasil, 2018.

92 GOLDIN, C. Career and family: Women's century-long journey toward equity. Princeton University Press, 2021.

93 MUNIZ, J. O.; VENEROSO, C. Z. "Diferenciais de participação laboral e rendimento por gênero e classes de renda: uma investigação sobre o ônus da maternidade no Brasil". *Dados*, v. 62, 2019.

94 DIEESE. *Departamento Intersindical de Estatística e Estudos Socioeconômicos: As dificuldades das mulheres chefes de família no mercado de trabalho.* São Paulo: DIEESE, 2023.

95 JENKS, L. H. "Early phases of the management movement". *Administrative Science Quarterly*, v. 5, n. 3, p. 421-447, 1960.

96 CHANDLER, A. D. "Os primórdios da 'grande empresa' na indústria norte-americana". *In*: MCCRAW, T. K. (Org.). *Alfred Chandler: ensaios para uma teoria histórica da grande empresa*. Rio de Janeiro: FGV, 1998, p. 35-66.

97 DECCA, M. A. G. *Indústria, trabalho e cotidiano: Brasil, 1889 a 1930*. Atual, 1991.

98 WHYTE Jr. *El hombre organización*. México: Fondo de Cultura Econômica, 1961.

99 DUARTE, C. L. "Direitos das Mulheres e Injustiça dos Homens: Introdução e notas". *In*: E. L. Padilha (Org.). *Nísia Floresta uma mulher à frente do seu tempo*, p.95-190. Brasília: Fundação Ulysses Guimarães, 2016.

100 HUBER, G. W. "Women in History: Madame C.J. Walker 1867-1919". *Journal of Women in Educational Leadership*, 2009.

101 ASH, M. K. *The Mary Kay Way: o estilo de liderança de uma das maiores empreendedoras norte-americanas*. São Paulo: CL-A Cultural, 2013. 272 p.

102 BLAY, E. "Trabalho Industrial X Trabalho Doméstico: A ideologia do trabalho feminino". Cadernos de Pesquisa, v.15, dez. 1975.

103 BETIOL, M. I. S.; TONELLI, M. J. "A mulher executiva e suas relações de trabalho". *Revista de Administração de Empresas*, v. 31, p. 17-33, 1991.

104 OKSALA, J. "The neoliberal subject of feminism". *Journal of the British Society for Phenomenology*, v. 42, n. 1, p. 104-120, 2011.

105 BRASIL. Lei nº 14.611 de 3 de julho de 2023. Brasília, 2023.

106 BRUSCHINI, C.; PUPPIN, A. B. "Trabalho de mulheres executivas no Brasil no final do século XX". *Cadernos de pesquisa*, v. 34, n. 121, p. 105-138, 2004.

107 GOLDIN, C. *Career and family: Women's century-long journey toward equity*. Princeton University Press, 2021.

108 CZARNIAWSKA, B. "How to study gender inequality in organizations". *Handbook of Gender, Work and Organization*. Wiley-Blackwell, p. 81-108, 2011.

109 FEIJÓ, J. *Diferenças de gênero no mercado de trabalho*. Blog do Instituto Brasileiro de Economia (FGV IBRE), 2023.

110 INTERNATIONAL LABOR ORGANIZATION. *Women in business and management: the business case for change*. ILO, 2019.

111 ZAHIDI, S. *Global gender gap report 2023: insight report*. In: World Economic Forum, 2023.

112 KANTAR. *The Reykjavik Index Leadership: Measuring perceptions of equality form men and women in leadership*, 2019/2020.

113 WIERSEMA, M.; MORS, M. L. "How Women Improve Decision-Making on Boards". *Harvard Business Review Digital Articles*, 2023.

114 RAGO, M. "Trabalho feminino e sexualidade". *In*: DEL PRIORE, M. *História das mulheres no Brasil*, 2018.

115 BIAN, L., LESLIE, S. J.; CIMPIAN, A. "Gender stereotypes about intellectual ability emerge early and influence children's interests". *Science*, v. 355, n. 6323, p. 389-391, 2017.

116 MORGAN, G. *Images of Organization*, Sage Publications, 1986.

117 OKSALA, J. "The neoliberal subject of feminism". *Journal of the British Society for Phenomenology*, v. 42, n. 1, p. 104-120, 2011;

DREYFUS, H.; RABINOW, P. *Michel Foucault: uma trajetória filosófica: para além do estruturalismo e da hermenêutica*. 2. ed. Rio de Janeiro: Forense Universitária, 2010.

118 POMAR, C. J. B., BALÇA, Â. M. P., MAGALHÃES, O. M. S., CONDE, A. F. "Contributos e desafios da formação contínua de docentes para a construção da igualdade de género e cidadania". *Cuestiones de género: de la igualdad y la diferencia*, (14), 403-422, 2019.

119 VALENTINE, C. G., TRAUTNER, M. N., & SPADE, J. Z. *The kaleidoscope of gender: Prisms, patterns, and possibilities*. New York: Sage Publications, 2019.

120 WOLFE, N. *O mito da beleza: como as imagens de beleza são usadas contra as mulheres*. 8 ed. Rio de janeiro: Rosa dos tempos, 2019.

121 UNITED NATIONS DEVELOPMENT PROGRAMME. *Gender social norms index*: UNDP, 2023.

122 MARLOW, S. "Exploring future research agendas in the field of gender and entrepreneurship". *International Journal of Gender and Entrepreneurship*, 2014.

123 ADAMSON, M. et al. "Introduction: Critically interrogating inclusion in organisations". *Organization*, v. 28, n. 2, p. 211-227, 2021.

124 SMITH, P.; CAPUTI, P.; CRITTENDEN, N. "How are women's glass ceiling beliefs related to career success?" *Career Development International*, v. 17, n. 5, p. 458--474, 2012.

125 ENRIQUEZ, C. "Análise Econômica para a Igualdade: as contribuições da economia feminista". *In*: JÁCOME, M.; VILELA, S. (org.). *Orçamentos Sensíveis a Gênero: Conceitos*. Brasília: ONU Mulheres, 2012, p.133-157.

126 WILLIAMS, J. C.; WESTFALL, E. S. "Deconstructing the maternal wall: strategies for vindicating the civil rights of "carers" workplace". *Duke Journal of Gender Law & Policy*, v. 13, n. 31, 2006.

127 THOMAS, R. at al. *Women in the Workplace: designed report*. McKinsey & Company, 2023.

128 EAGLY, A. H.; CARLI, L. L.; *Through the labyrinth: the truth about how women become leaders*. Boston: Harvard Business School Press, 2007.

129 MADALOZZO, R. "CEOs e composição do conselho de administração: a falta de identificação pode ser motivo para existência de teto de vidro para mulheres no Brasil?" *Revista de Administração Contemporânea*, v. 15, p. 126-137, 2011.

130 LEE, P. M.; JAMES, E. H. "She'-e-os: gender effects and investor reactions to the announcements of top executive appointments". *Strategic Management Journal*, v.28, n.3, 227-241, 2007.

131 DERKS, B. et al. "Extending the queen bee effect: How Hindustani workers cope with disadvantage by distancing the self from the group". *Journal of Social Issues*, v. 71, n. 3, p. 476-496, 2015.

132 BILLAN, R. "The Tallest Poppy". *Women of influence+*, 2023.

133 KPMG. *Advancing the Future of Women in Business: The 2020 KPMG Women's Leadership Summit Report*, 2020.

134 FOUCAULT, M. *A hermenêutica do sujeito*. 3.ed. São Paulo: WMF Martins Fontes, 2010.

135 MORGAN, G. *Images of Organization*, Sage Publications, 1986.

136 CASTRO, C. *Além do cânone: Para ampliar e diversificar as ciências sociais*. Rio de Janeiro: FGV Editora, 2022.

DAFLON, V. T.; SORJ, B. *Clássicas do pensamento social: mulheres e feminismos no século XIX*. Rio de Janeiro: Rosa dos Tempos, 2021;

ALCÂNTARA, F. H. C. Harriet Martineau (1802-1876): a analista social que inaugurou a Sociologia. *Estudos Ibero-Americanos*, 47(3), 2021.

137 SOUZA, S. P.; COVRE, I. G. "Mulheres na teoria geral da administração: por uma educação não sexista". *Revista Em Pauta: teoria social e realidade contemporânea*, v. 19, n. 47, 2021.

138 Perrot, M. *As mulheres ou os silêncios da história.* São Paulo: EDUSC, 2005.

139 UNITED NATIONS. *Transforming our world: the 2030 agenda for sustainable development.* UN, 2015.

140 ONU Mulheres Brasil. *Princípios de Empoderamento das Mulheres.* Brasília, DF: Nações Unidas Brasil, 2017.

141 INSTITUTO ETHOS. *Perfil social, racial e de gênero das 500 maiores empresas do Brasil e suas ações afirmativas.* São Paulo: BID, 2016.

142 PRONI, T. T. da R. W.; PRONI, M. W. "Discriminação de gênero em grandes empresas no Brasil". *Revista Estudos Feministas*, v. 26, 2018.

143 PNUD. *Índice de Pobreza Multidimensional con foco en mujeres para América Latina y el Caribe: Estado de situación para 10 países de la región*, 2023.

144 RUEDIGER, M. A. *Existe taxa rosa no Brasil?* Rio de Janeiro: FGV DAPP, 2020.

145 INSTITUTO BRASILEIRO DE GEOGRAFIA E ESTATÍSTICA. *Pesquisa Nacional por Amostra de Domicílios Contínua. Características gerais dos domicílios e dos moradores 2019.* Rio de Janeiro: IBGE, 2022.

146 OKSALA, J. "Feminism and neoliberal governamentality". *Foucault Studies*, (16), 32-53, 2013.

FONTE Janson Text
PAPEL Pólen Natural 80 g/m²
IMPRESSÃO Paym